Mathias Jung

Mein Wendepunkt

Das Buch

Ängste, Kränkungen, familiäre Lieblosigkeit, Gewalt, Minderwertigkeitskomplexe und Ur-Misstrauen formieren und deformieren unsere Persönlichkeit. Sie machen die Seele fremdbestimmt und stürzen uns in Lebenskrisen. Sind diese Prägungen schicksalhaft und unveränderbar? Besitzt der Mensch gar, wie einige Gehirnforscher behaupten, keine Willensfreiheit? Nein! Wir sind unseren neurotischen Strukturen keineswegs hilflos ausgeliefert, sagt Mathias Jung. Anhand vieler beispielhafter Fälle aus seiner Praxis berichtet er über Wendepunkte und „seelische Selbstheilungen" mutiger Frauen, Männer und Paare.
In prägnanten Kapiteln berichtet der Autor über Krisen, die ins Leben einbrechen und wie Menschen gelernt haben, damit umzugehen und diese letztlich auf unterschiedlichste Weise zu meistern.

Der Autor

Dr. phil. Mathias Jung arbeitet als Gestalttherapeut und Philosoph am Gesundheitszentrum Dr.-Max-Otto-Bruker-Haus in Lahnstein. Er ist Autor zahlreicher Bücher zur praxisorientierten therapeutischen Lebenshilfe.

Mathias Jung

Mein Wendepunkt

Lebenskrisen und wie wir ihnen begegnen

FREIBURG · BASEL · WIEN

HERDER spektrum Band 6744

MIX
Papier aus verantwortungsvollen Quellen
FSC® C083411

© 2010 by emu-Verlags-GmbH, Lahnstein

©Verlag Herder GmbH, Freiburg im Breisgau 2015
Alle Rechte vorbehalten
www.herder.de

Umschlaggestaltung: Verlag Herder
Umschlagmotiv: © TheGame - Fotolia.com

Satz: Kösel Media, Krugzell
Herstellung: CPI books GmbH, Leck

Printed in Germany

ISBN 978-451-06744-0

Inhaltsverzeichnis

Vorwort:
Kann Therapie einen Menschen verändern? .. 9

Menschen in Not

Ablösung 31

Abtreibung 37

Ängste 42

Aktives Vergessen 47

Alkohol 52

Außenbeziehung 59

Beziehungssucht 64

Blendfassade 69

Depression 73

Einfühlung 79

Erlösung 85

Erpressung 91

Fühlen und reden 97

Geheimnisse 102

Gehen oder bleiben? 108

Hilflosigkeit 116

Homosexualität I 121

Homosexualität II 126

Ich-AG und Wir-AG 132

Ichwerdung 138

Kinder als Liebesersatz 142

Kindverlust 147

Kontrollzwang 151

Krankheit I 157

Krankheit II 162

Krankheit III 168

Leistungssucht 174

Liebe 180

Liebesverträge 184

Männer: Handeln statt spüren 190

Minderwertigkeitskomplex 197

Mutterwunde 202

Nörgeln 208

Partnerwahl 214

Prüfungsneurose 218

Schlafstörung 225

Selbsttötung 232

Selbstverwirklichung 236

Streiten 243

Tod 248

Trennungsschmerz 254

Treue 260

Vaterwunde 265

Verbindlichkeit 270

Verzeihen 275

Zärtlichkeit 282

Nachwort:
Stirb und Werde 287

Kann Therapie einen Menschen verändern?

Kann man Lebenskrisen psychotherapeutisch begegnen? Viele Menschen bezweifeln das.

„Die Psychologie ist die unwichtigste aller Wissenschaften, weil sie all diesen brennenden Problemen und Rätseln mit einer wahrhaft atemberaubenden Ahnungslosigkeit gegenübersteht." Das sagt der Wissenschaftsjournalist Rolf Degen. In seinem Buch *Lexikon der Psycho-Irrtümer. Warum der Mensch sich nicht therapieren, erziehen und beeinflussen lässt*,[1] meint er: „Auch die Psychotherapie, das wichtigste und mit den größten Hoffnungen und Sehnsüchten besetzte Anwendungsgebiet der Seelenforschung, krankt im Licht der Fakten offenbar an einer deprimierenden Impotenz … Psychotherapeuten doktern immer noch ratlos mit dem verstaubten Instrumentarium der frühen industriellen Revolution an den Neurosen des Informationszeitalters herum."

---

[1] Degen, Rolf, Lexikon der Psycho-Irrtümer. Warum der Mensch sich nicht therapieren, erziehen und beeinflussen lässt, München 2008 (4. Auflage), S. 10 ff.

Der Autor spricht von „rhetorischen Taschenspielertricks". Er fällt ein apodiktisches Urteil: „Keine einzige psychotherapeutische Schule kann Heilwirkungen vorweisen, die größer sind als der Effekt einer wirkstofflosen Zuckerpille (Placebo-Effekt)." Ja, er verurteilt Psychotherapeuten gleichsam als professionelle Schuldmacher: „Der Irrglaube, dass die eine oder andere Krankheit ‚psychosomatische' Ursachen habe, ist besonders hinterhältig: Er verstellt nicht nur den Blick auf die wahren Ursachen des Leidens, er schiebt dem Patienten auch ‚hintenherum' die Verantwortung für seinen Zustand zu."

Die Seelenarbeit in der Psychotherapie erscheint bei dem Autor als eine Art Quatschbude: „Eine Hausfrau, die mit ihrem Leben unglücklich ist, sucht einen Therapeuten auf, um mit ihrer Einsamkeit und Frustration fertig zu werden. Der Heiler arrangiert wöchentliche Sitzungen, bei denen verschiedene Themen, darunter ihre Kindheitserinnerungen und ihre Eltern, ihr zurückgezogenes erwachsenes Leben und ihre leidenschaftslose Ehe, zur Sprache kommen. Ein Jahr später ist sie immer noch unglücklich mit ihrem Leben, aber sie ist ‚glücklich mit der Therapie', froh darüber, dass sie endlich mit einer verständnisvollen Person über ihr Unglück reden kann."

Das erinnert an einen alten Psychoanalytikerkalauer, wonach ein Patient wegen seiner hartnäckigen

Enuresis über hundert Sitzungen bei seinem Analytiker absolviert. Nach deren Abschluss fragt ihn ein Bekannter: „Bist du das Bettnässen losgeworden?" „Nein", antwortet der Mann, „aber es macht mir jetzt nichts mehr aus."

Gut gelacht. Aber ist das das Wesen einer verantwortungsvollen Therapeutik? Ist der Mensch wirklich nicht therapierbar? Oder stehen wir hier vor dem Dogma einer reduktionistischen seelenlosen Wissenschaft? In einem Gespräch des Magazins SPIEGEL[2] zwischen dem Hamburger Philologen und Sozialwissenschaftler Jan Philipp Reemtsma und dem Bielefelder Hirnforscher Hans Markowitsch behauptet der Letztere, der Mensch habe keinen freien Willen: „Unser Handeln ist durch die Verschaltungen in unserem Gehirn determiniert. Viele davon sind stabil, andere verändern sich ständig im Wechselspiel mit der Umwelt, mit dem Werben und Vergehen von Neuronen und der Ausschüttung von Neurotransmittern. Das gibt uns das Gefühl, wir handelten aus freier Entscheidung. Tatsächlich spielt sich unsere Gehirntätigkeit in großen Zügen unbewusst ab, gesteuert durch das emotionale Erfahrungsgedächtnis. Der freie Wille ist eine Illusion." Und: „Wir identifizieren derzeit Mechanismen im

---

[2] DER SPIEGEL 31/2007

Gehirn, die ein Verhalten hervorbringen können, das wir moralisch als böse, juristisch als strafbar bewerten. Neurowissenschaftlich betrachtet sind das Defekte, für die ein Delinquent nichts kann, weil sie angeboren sind oder meist in früher Kindheit erworben wurden."

Der Wissenschaftler Markowitsch beharrt auf seiner Erklärung des Bösen als einer gehirnphysiologischen Deviation (Abweichung). Es sei für ihn „vorstellbar", dass beispielsweise bei den Gründungsmitgliedern der Roten Armeefraktion „Bader, Raspe, Ensslin eine spezifische Abweichung auf Hirnebene vorlag". Schließlich: „In Zukunft wird man möglicherweise sehen, dass sich alle Hirne von Mördern in mindestens einer Determinante von Hirnen aller Nicht-Mörder unterscheiden und dass genau diese biologische Abweichung bedingt, dass jemand mordet."

Schlechte Zeiten für Psychotherapie also, möchte man meinen. Aber verlassen wir einmal die Ebene theoretischer Axiome. Sehen wir uns einen beliebigen Fall aus der Praxis an.

*

Da ist Beate (Name, wie alle folgenden in diesem Buch, geändert). Sie kommt zu mir in die Praxis. Sie ist 38 Jahre alt, Chemielaborantin, Single. Single ist sie erst seit Neuestem. Wieder einmal, zum fünften Mal, ist ihr eine Beziehung in die Brüche gegangen.

„Die Männer sind doch alle Luftnummern", sagt sie. „Warum kommst du dann in die Lebensberatung zu mir?", frage ich. Beate ist irritiert: „Das habe ich mich auch gefragt, aber an den Männern allein kann es wohl nicht liegen. Irgendwas scheine ich falsch zu machen."

Ich schlage ihr, in der Tradition der Gestalttherapie, eine Spiegelarbeit vor. Das heißt, ich lasse sie vor einen schmalen, großen Spiegel treten und frage sie (nachdem wir das „Du" in der therapeutischen Begegnung vereinbart haben): „Was siehst du da?"

Ihre Antwort ist von einer lähmenden Traurigkeit: „Ich sehe eine dicke, resignierte Frau. Es ist wohl kein Wunder, dass es die Männer bei mir nicht aushalten. Drei Mal bin ich verlassen worden. Die beiden anderen Male habe ich rechtzeitig kriselnde Beziehungen beendet, um nicht wieder gedemütigt zu werden."

Tatsächlich ist Beate nicht nur dick, sondern adipös, das heißt krankhaft übergewichtig. Sie spricht verlegen von einer „Drüsenstörung". Es sei eine unheilbare Stoffwechselstörung. Sie setzt mir, psychoanalytisch gesprochen, den „Widerstand" entgegen. Sie schämt sich, ihr inneres Drama preiszugeben. So geht es vielen Übergewichtigen. Sie fühlen sich nicht nur nicht begehrenswert, sondern es nagt in ihnen der Schmerz über ihre Nachgiebigkeit und mangelnde Disziplin beim Essen. Sie fühlen sich als Verlierer und gesellschaftlich stigmatisiert. Dicke gelten in der oberflächlichen Betrachtungsweise der meisten Menschen als faul, jammerlappig, und schlampig. Dabei bräuchten sie dringend unser Mitgefühl und unsere Hilfe.

Mitgefühl muss ich für Beate empfinden, je mehr sie über ihren inneren Werdegang berichtet. Als sie neun Jahre alt war, ließen sich ihre Eltern scheiden: „Mein Vater zog zu einer jüngeren, attraktiveren Frau." Beate: „Ich kam in eine miese Position. Mein Vater hat schon immer meine ältere Schwester vorgezogen. Mich übersah er. Auch nach der Scheidung benahmen er und meine Schwester sich wie verschworene Kumpel. Sie unternahmen viel miteinander. Ich blieb ausgeschlossen. Meine Mutter war unfähig, die Trennung zu verarbeiten und sich einem neuen Mann zuzuwenden. Sie trank zu viel Alkohol und fraß den Kummer in sich hinein. Aus einer ehemals vollschlanken Frau wurde ein träger Koloss. Sie war depressiv. Sie verurteilte alle Männer als verlogen. Ich schlug mich bedingungslos auf ihre Seite."

Die Folgen waren verhängnisvoll. Mutter und Tochter Beate trösteten sich fast täglich mit Fressorgien, um ihren Frust und ihre Sehnsucht nach

Zuwendung zu kompensieren. Beate: „Ich hätte gerne, wie meine Schwester, einen süßen Freund gehabt. Weil ich die Dickste in der Klasse war, fand ich keinen. Also hielt ich mich an Bonbons, Schokolade, Torten und andere Süßigkeiten als Ersatz. Natürlich wusste ich, dass dies Dickmacher waren, aber die Begierde hielt mich in ihrem Bann. Es war, als ob ich ein ungeheures Loch in meiner Seele stopfen müsste. Deshalb aß ich alles, was greifbar war, in Unmengen."

*

Beate lebte in einer negativen Koalition mit der Mutter gegen den lebenslustigen, schlanken Vater und die schöne Schwester. Hier trifft der alte Therapeutenspruch zu: „Der Neurotiker zieht sein bekanntes Unglück dem unbekannten Glück vor."

Wen wundert es, dass sich Beates Männerbeziehungen zu chronischen Desastern entwickelten. Sie liebte sich selbst nicht. Sie flüchtete sich geradezu in die selbstgewählte Existenz eines Aschenputtels. Beate: „Da ich nicht glauben konnte, dass ein Mann mich um meiner selbst lieben würden, versuchte ich, ihn mit Dienstleistungen und übertriebenen Geschenken an mich zu binden. Ich war vom Helfersyndrom wie verhext. Meinen jeweiligen Partnern gab ich keine Luft. Ich klebte an ihnen. Ich war krankhaft eifersüchtig."

Das erstaunt nicht, denn die arme Beate entpuppte sich in der Therapie als ein wandelnder Minderwertigkeitskomplex auf zwei Beinen. Dass sie warmherzig, einfühlsam und beruflich tüchtig war, dazu vorzüglich Klavier spielte, vermochte sie nicht wahrzunehmen.

Beate ruhte nicht in sich. Sie suchte ihre „Erlösung" – man beachte die religiöse Konnotation – in der Verschmelzung mit einem „Traummann". Den gab es natürlich nur in ihrer Phantasie. Weil sie auf diese Weise das Glück nicht fand, aß sie weiterhin krankhaft wie in ihrer Kindheit und Jugend. Kurzfristige fragwürdige Diäten und Fastenzeiten bildeten lediglich ein Intermezzo in dieser Verzweiflungsreise ihres Lebens. Wie sagt doch die Psychologie: „Aus der Festung der Kindheit wird der Kerker des Erwachsenen."

Konnte ich ihr helfen? Therapeuten sind keine „Heiler", wie Rolf Degen irrtümlich vermutet. Sie haben, im positiven Fall, ein sauberes handwerkliches Wissen, einen Fundus von Erfahrungen und die Fähigkeit zu liebevollen, weil wertschätzenden Begegnungen mit dem Rat suchenden Menschen, der vor ihnen sitzt. Aber haben sie nicht, wie der Volksmund unterstellt, selbst einen Schlag weg? Degen ist dieser Meinung: „Psychotherapeuten können Neurosen nicht besser heilen als jeder wohlmeinende Laie, und sie leiden selbst in erhöhtem Maße an den ‚Verrücktheiten', die sie bei anderen therapieren wollen."

*

Auch hier liegt der Psychotherapiekritiker schief. Nicht der Therapeut heilt. Das wäre eine hohe Anmaßung und Guru-Gehabe. Heilen kann sich nur der Leidende selbst. Der Therapeut ist eher in sokratischer Manier ein Geburtshelfer und Begleiter. Das altgriechische Wort *therapeuein* heißt nichts mehr, aber auch nichts weniger als *begleiten*. Richtig ist, dass der Therapeut selbst viele der „Verrücktheiten" aus seinem eigenen Leben kennt. Aber er agiert nicht blindwütig aus diesen Defekten heraus. Im Gegenteil, in der mehrjährigen Ausbildung und vor allem in der schmerzhaften und befeienden Lehranalyse hat er sich mit eben diesen „Verrücktheiten" auf das Gründlichste auseinandergesetzt und, wie C. G. Jung sagen würde, in das Medusenhaupt seines Schattens zu blicken gelernt. Eben weil er Glanz und Elend, Macht und Ohnmacht seines Selbst reflektiert hat, kann er den leidenden Menschen dort abholen, wo dieser seelisch steht.

Als Therapeut kann man gar nicht genug Dummheiten gemacht haben, aber man muss sie ohne Narzissmus und Verharmlosung durchgearbeitet haben und sie gelegentlich in der Sitzung demütig einfließen lassen. Das schafft Vertrauen. Das macht das köstlichste Elixier zwischen Therapeut und Ratsuchendem aus: die Liebe zum Nächsten.

Zurück zu Beate. Therapeutisches Mitgefühl, aufdeckende Seelenarbeit und Ermutigung brachten Beate dazu, sich mit der tragischen Identifikation und Symbiose mit ihrer Mutter auseinanderzusetzen. Gleichzeitig schaffte sie es, sich mit ihren „Feinden", dem Vater und der Schwester, zu versöhnen und sich deren lebensbejahenden Persönlichkeitsanteile zu Eigen zu machen. Das sage ich hier so leicht. In Wahrheit war es eine Seelenreise über ein Jahr durch eine Flut von Trauer und Wut, Rückfälle eingeschlossen. Langsam gewann Beate ein Bild ihrer eigenen Weiblichkeit. Sie wagte die größte Liebesgeschichte ihres Lebens, die uns allen aufgegeben ist: sich selbst zu lieben.

Ein Geschwätz war das alles nicht. Beate musste auf allen Ebenen lernen. Therapie ist ein Prozess, schwer, letztlich beglückend und zwar in fünf Schritten: *Erinnern, Beweinen, Bewüten, Begreifen, Beenden*. Eine wichtige Hilfestellung war es auch, Beate ganz konkret und sozusagen sozialtherapeutisch Wissen über die richtige Ernährung zu vermitteln. Zwar ahnen die meisten Übergewichtigen, dass ihnen die Süßigkeiten und das Junkfood abträglich sind, aber das reicht nicht. Was die Qualität der Nahrung ausmacht, wissen sie nicht. Die vitalstoffreiche Vollwertkost haben sie nie kennengelernt. Sie verplempern ihre Zeit und ihr Geld mit Diäten, Kalorienzählen, Nahrungsergänzungsmitteln und „Schlankheitskuren", schlimmstenfalls mit Fettabsaugen und einer Magenband-Operation. Im Sinne der lebenspraktischen Verhaltenstherapie musste Beate lernen, auf Süßigkeiten und Zwischenmahlzeiten zu verzichten, ein richtiges Hunger- und Sättigungsgefühl zu entwickeln und ihre Seelenlöcher nicht mehr mit dem Suchtstoff Essen zu stopfen.

Beate fand – Herr Degen würde wohl über diese psychotherapeutische Kunstfigur abschätzig lächeln – Kontakt zu ihrem bedürftigen „inneren Kind", lernte es an Bord ihrer erwachsenen Seele zu nehmen, gut zu bemuttern und zu bevatern. Ich konnte Beate zu einer existenziellen Selbstbegegnung in einer psychosomatischen Klinik und der anschließenden regelmäßigen Teilnahme an der Selbsthilfegruppe der *Overeater Anonymous* bewegen. Sie wurde seelisch und körperlich schlank, frei nach Schillers Wort: „Es ist der Geist, der sich den Körper baut." Inzwischen ist Beate bindungsfähig – und glücklich verheiratet.

*

Kann Therapie einen Menschen verändern? Der Schweizer Arzt und Psychoanalytiker Carl Gustav Jung meint dazu realistisch: „Der menschliche Charakter ist äußerst konservativ und inert (träge – M. J.), er ändert sich nur unter schärfstem Leidensdruck"[3]. Und, würden wir hinzufügen, durch die Liebe.

Tatsächlich bestätigt die moderne Hirnphysiologie die Grundlagen der Psychotherapie. Sobald das Kind den Mutterleib verlässt, baut sich sein Gehirn mit erhöhtem Tempo aus. Die Sinnesorgane empfangen ständig Signale aus der Umwelt und leiten sie an die Neuronen weiter. Diese werden angeregt und verknüpfen sich an ihren Kontaktstellen, den Synapsen, zu neuronalen Netzen. Seitdem sich die Psychotherapie neurobiologisch fundiert hat, gehört es zur Grundkenntnis, dass auch und gerade die Gefühle und damit der Prozess der Charakterbildung – ängstlich, schöpferisch, inszenierend, verschlossen, zwanghaft – neuronal vernetzt werden. Je häufiger eine Verbindung durch denselben Reiz bestätigt wird, desto intensiver verfestigt sie sich. Der Säugling lernt. Sein Gehirn entwickelt sich sprunghaft. Sein seelischer Komplex entfaltet sich. Das Gehirn baut an seiner „funktionalen Architektur", dem neu-

---

[3] C. G. Jung, Psychologische Typen (1921), München 1982, S. 17

ronalen Gerüst. Das bestimmt, was ein Mensch fühlt, kann – und wer er ist.

Aus der Kausalität der gehirnneurologischen Prozesse folgert nicht, wie Markowitsch konstatiert, der absolute Determinismus und eine zementhafte Struktur des Bewusstseins. Sicher ist allerdings, wie der Neurobiologe Gerald Hüther festhält: „Unbewusst wiederholen Menschen in ihrer Kindheit entstandene und im späteren Leben immer wieder verfestigte Erlebens- und Verhaltensmuster. Die dabei aktivierten neuronalen Muster verstärken sich durch jede dieser Wiederholungen. Wenn jemand von sich sagt ‚so bin ich', so bedeutet das nur, dass er oder sie unbewusst die Struktur seines Erlebens und Verhaltens durch diesen ständigen Wiederaufruf der einmal entstandenen Muster stabilisiert"[4].

Hüther betont andererseits die immense Dynamik auf der, wie er sagt, „Baustelle Gehirn": „Nun zeigen uns aber die Hirnforscher, dass wir uns zu jedem Zeitpunkt unseres Lebens auch neu konstruieren können, indem wir irgendeines dieser alten motorischen, sensorischen oder affektiven Muster

---

[4] Hüther, Gerald, Perspektiven für die Umsetzungen neurologischer Erkenntnisse in der Psychotherapie, in: J. Sieper, i. Orth, W. Schuch (Hg.), Neue Wege integrativer Therapie, klinische Wissenschaft, Humantherapie, Kulturarbeit – Polyloge –, Bielefeld und Locarno 2007, S. 553

verlassen, also anders zu sehen, zu fühlen, oder zu handeln beginnen, als bisher"[5]. Ja, es „lässt sich kaum noch daran zweifeln, dass mit geeigneten psychotherapeutischen Interventionen eine Reorganisation neuronaler Verschaltungen prinzipiell erreichbar ist"[6].

Hüther findet ein brillantes gehirnphysiologisches Bild für Krankheit und Heilung des neurotisch agierenden Bewußtseins: „Die wohl bedeutsamste Erkenntnis, die die Hirnforscher mit Hilfe ihrer modernen bildgebenden Verfahren zutage gefördert haben, lautet also: Unser Gehirn ist eine Baustelle, und zwar nicht nur während der Kindheit, sondern lebenslang. Und das ist gut so. Wäre das Gehirn im Erwachsenenzustand nämlich so etwas wie ein fertiges Haus, so gäbe es keine Möglichkeit, ein solches Haus, wenn es aus irgendwelchen Gründen schief geworden ist, später noch so umzubauen, dass es wieder aufrecht und stabil auf seinem Fundament thront"[7].

Hüther könnte das Folgende über die adipöse und depressive Beate geschrieben haben: „Das Gehirn eines Menschen, der in eine solche Situation geraten ist, gleicht dann einem Bauwerk, das aus irgendwel-

---
[5] ebda.
[6] ebda, S. 555
[7] ebda, S. 557

chen Gründen windschief geworden ist. Der Bewohner, also das, was wir ‚Ich' nennen, hat davon natürlich nichts bemerkt, weil er ja die ganze Zeit darin war. Er hält sein Haus für völlig normal. Auch ist alles, was dort inzwischen eingebaut wurde, ja an die einmal entstandene Schieflage angepasst: Wasserleitungen, Abflussrohre, Stühle und Tische, sogar das Klobecken. Alles ist schräg, aber es funktioniert, irgendwie jedenfalls, aber immerhin. Problematisch wird es deshalb für den Bewohner eigentlich erst dann, wenn das ganze Gebäude aufgrund seiner Schieflage einzustürzen droht. Dann wacht das ‚Ich' endlich auf. Aber nun ist guter Rat teuer"[8].

Was der Neurobiologe Hüther über die „schiefen" Verknüpfungen von „falschen Vorstellungen, fragwürdigen Überzeugungen, übernommenen Haltungen und unterdrückten Gefühlen"[9] und ihr destruktives Trägheitsprinzip ausführt, sagt das alte arabische Sprichwort mit populären Worten:

> *Achte auf deine Gedanken,*
> *denn sie werden zu Worten,*
> *achte auf deine Worte,*
> *denn sie werden zu Taten,*
> *achte auf deine Taten,*

---

[8] ebda, S. 558
[9] ebda, S. 557

denn sie werden zu Gewohnheiten,
achte auf deine Gewohnheiten,
denn sie werden dein Charakter,
achte auf deinen Charakter,
denn er wird dein Schicksal.

Hüther hat recht, wenn das Beziehungs- und Seelenhaus erst einmal schief ist, ist guter Rat teuer. Ein Gespräch oder tiefschürfende Überlegungen helfen da nach Hüther kaum weiter: „Sie wären nur dann ein geeignetes Mittel, wenn sie auch wirklich auf den Grund gehen, d. h. wenn sie zu grundlegend neuen Erkenntnissen führen, die dann auch neue Erfahrungen möglich machen"[10]. Vorsichtiges Fazit des Wissenschaftlers: „Was Psychotherapie daher anstoßen müsste, sind implizite Lernprozesse, also am eigenen Leib und mit allen Sinnen gemachte neue Erfahrungen. Am wirksamsten können dabei solche Erfahrungen sein, die an emotional positiv besetzte, oft aus der frühen Kindheit mitgebrachte Ressourcen anknüpfen. Psychotherapie müsste also tief berühren und alte Sehnsüchte wecken, muss die Kraft und den Mut stärken, sich auf den Weg machen zu wollen. Der Rest passiert dann im Gehirn von allein"[11].

---

[10] ebda, S. 558
[11] ebda, S. 559

Entwicklung ist das Gesetz des Lebens. Stagnation ist ein Seeleninfarkt. Ein sarkastischer Graffitospruch lautet: „Er war mit 20 tot und starb mit 80." Der schlesische Mystiker Angelus Silesius alias Johannes Scheffler, Arzt und Poet, erkannte im 17. Jahrhundert in einem paradoxen Vierzeiler:

> *Wer nicht stirbt,*
> *bevor er stirbt,*
> *der verdirbt,*
> *wenn er stirbt.*

Dieses „Stirb und Werde", von dem auch Goethe spricht, ist unser Grundkapital. Wenn die Therapie uns befähigt, solche „Arbeit am Charakter" (Fritz Künkel) zu leisten, so stellt sich die Frage nach der „richtigen" Therapie.

Ich glaube, Beate wäre mit den meisten Therapiearten geholfen worden. Ein Vertreter der kognitiven Therapie hätte mit ihr die neurotischen Denkstrukturen auf ihren Realitätsgehalt geprüft und zu ihrer Korrektur verholfen. Bei der Transaktionsanalytikerin hätte sie erhellende Aha-Erlebnisse erfahren dürfen, wenn sie mit ihr die katastrophale Fehlinszenierung ihrer Lebensskripte aufgedeckt hätte. In der tiefenpsychologischen Durchdringung ihrer Leidensgeschichte wäre Beate auf erschütternde Schlüsselszenen und Deckerinnerungen gestoßen, die Trauer und Wut in ihr ausgelöst und sie aus ihrem seelischen Tiefschlaf erweckt hätten. Der Gestalttherapeut hätte vielleicht die verborgene Stimmungslagen wie Depression, Trauer, Wut, Sehnsucht auf den „leeren Stuhl" gesetzt und sprechen lassen. In der Körpertherapie würde Beate die in ihrem memorativen (sich erinnernden) Leib gespeicherten Gefühle erleben und sich befreien. Der Körper lügt nicht. Im Psychodrama könnte Beate ihr Seelengefängnis inszenieren und es sprengen. Eine seriöse Familienaufstellung führte ihr die Deformation ihrer Familie und den Ausweg aus dieser neurotischen Konstellation vor Augen. Schließlich und letztlich, das hat die Therapieforschung ergeben, ist die Persönlichkeit der Therapeutin, des Therapeuten die entscheidende impulsgebende und nährende Kraft.

Ich selbst bin in einer fünfjährigen Einzel- und Gruppentherapie dank großartiger humanistischer Psychotherapeuten wieder lebendig geworden. Einer von ihnen hat mir wie kein anderer Mut gemacht, „die Scheiße aus den Windeln meiner unreifen Seele zu holen". Später wurde ich selbst Therapeut, Gestalttherapeut. Ich bin es dankbar und mit Leidenschaft. Ich kann etwas von der Liebe und dem Verständnis, das ich als Hilfe auf meiner „Baustelle Gehirn" empfangen habe, weitergeben.

Der in eine Seelenkrise geratene Hermann Hesse, der sich selbst zu einer Psychoanalyse bei C. G. Jung aufmachte, empfahl in seinem Essay *Künstler und Psychoanalyse:* „Wer den Weg der Analyse, das Suchen seelischer Urgründe aus Erinnerungen, Träumen und Assoziationen, ernsthaft eine Strecke weit gegangen ist, dem bleibt als bleibender Gewinn das, was man etwa das innigere Verhältnis zum ‚eigenen Unbewussten' nennen kann. Er erlebt ein wärmeres, fruchtbares, leidenschaftlicheres Hin und Her zwischen Bewusstem und Unbewusstem; er nimmt von dem, was sonst ‚unterschwellig' bleibt und sich nur in unbeachteten Träumen abspielt, vieles mit ans Licht herüber". Hesse spricht mit Achtung von den Ergebnissen der Psychotherapie „für das Ethische, für das persönliche Gewissen".

Hesse sagt wörtlich: „Sie fordert eine Wahrhaftigkeit gegen sich selbst, an die wir nicht gewöhnt sind. Sie lehrt uns, das zu sehen, das anzuerkennen, das zu untersuchen und ernst zu nehmen, was wir gerade am erfolgreichsten in uns verdrängt hatten, was Generationen unter dauerndem Zwang verdrängt hatten"[12].

---

[12] Hesse, Hermann, Gesammelte Werke in zwölf Bänden, Frankfurt am Main 1970, Band 10, S. 47 ff.

Die Psychotherapie ist ein Kind der Freiheit, und sie macht frei. Das zeigen auch die folgenden Fallvignetten. Natürlich habe ich alle Namen und näheren Umstände verändert. Die Fallgeschichten basieren auf meinen monatlichen Kolumnen in der Zeitschrift „Der Gesundheitsberater." Sie werden, wie mir viele Menschen sagen und schreiben, gerne gelesen.

Menschen in Not

Ablösung

In einem Theaterstück von Tennessee Williams ("Plötzlich im letzten Sommer") las ich einmal den Satz: "Wir alle benutzen einander und nennen es Liebe, und wenn wir einander nicht benutzen können, nennen wir es Hass."

Daran erinnert mich die Geschichte von Paul, Annette und ihrem Sohn Christian. Sie tauchten nacheinander in meiner Praxis auf.

Der Vater Paul sagte erbittert: „Christian ist ein Taugenichts. Er zieht mir nur das Geld aus der Tasche. Er studiert irgendeine blöde Orchideenwissenschaft, von der er nie leben können wird. Seine Freundin ist eine blasierte Schnepfe. Ich habe den Kontakt mit ihm abgebrochen."

Die Mutter Annette klagte: „Christian ist so egoistisch. Ich habe alles für ihn getan. Er ist unser einziges Kind. Er war mein Herzblatt. Aber schon zwei Jahre vor dem Abitur begann er uns abzulehnen, wurde laut und rechthaberisch. Ich glaube, er studiert gar nicht, sondern er kifft nur rum und lässt sich hängen. Wir zahlen sein Studium, aber er ist unser verlorener Sohn." Beide fügten hinzu: „Im Augenblick ist Christian in den Semesterferien hier in der Nähe. Er schneidet uns. Er wohnt demonstrativ bei seiner Freundin. Können Sie ihn nicht einmal anrufen und ihm ins Gewissen reden?"

Genau das ist natürlich ein therapeutisch unmögliches Ansinnen: Zur Beratung muss jemand schon freiwillig kommen und nicht *par ordre du Mufti*, auf Kommando der Eltern. Doch einer alten Mahnung meines gestalttherapeutischen Ausbilders Professor Hilarion Petzold eingedenk, dass gute Therapie auch sozialarbeiterische Interventionen beinhaltet, rief ich den „Bösewicht" Christian unter der angegebenen Telefonnummer an. Hoffnung hatte ich wenig. Ich erwartete vielmehr eine harsche Abfuhr von dem uneinsichtigen „Elternmörder".

Doch das Gegenteil geschah. Eine sanfte Stimme meldete sich und sagte: „Ja, ich komme gern." Christian erschien. Ich war überrascht. Er war ein wohlerzogener, gut angezogener, gebildeter junger Mann von 24 Jahren. Gerade hatte er seine Doktorarbeit in Sinologie (China-Wissenschaft und Sprachstudium) begonnen und bereits ein Volontariat in seiner künftigen (Export)-Firma absolviert. Nichts da von Kiffen, Rumtreiberei und Verwahrlosung.

Nun erfuhr ich *seine* Wahrheit. Die Eltern hatten ihm drei Entscheidungen übel genommen: Dass er seit dem 16. Lebensjahr eigene Wege ging. Dass er nicht in der Heimatstadt studierte. Dass er nicht, wie vom Vater gewünscht, Ingenieurwissenschaft, sondern die angeblich brotlose Kunst Sinologie studierte. Es waren Paul und Annette, die daraufhin den Kontakt abgebrochen und Christian zur „Persona ingrata" (unerwünschte Person) erklärt hatten. Vergeblich hatte er ihnen mit mehreren Briefen seinen Lebensweg und seine Identitätsfindung zu erklären versucht. Sie blieben uneinsichtig.

Hinter so viel elterlicher Abwehr muss ein großer Schmerz stecken, der weit über die klassische Ablösungsproblematik hinausgeht. So vermutete ich. Ich lag richtig. Ich arbeitete zunächst mehrere Stunden mit Annette und Paul. Warum hatten sie ihren so geliebten Sohn verstoßen?

Annettes Kindheitsgeschichte löste den einen Teil des psychologischen Rätsels dieser Überreaktion: Hass ist enttäuschte Liebe. Als Annette 14 Jahre alt war, hatte der Vater Mutter und Tochter wegen einer anderen Frau verlassen. „Ich hatte ihn schrecklich geliebt", erinnerte sich Annette. Ihr Selbstwertgefühl war zerstört.

In Paul fand sie später einen gusseisern verlässlichen Mann – das war das Geheimnis ihrer Partnerwahl („Nie wieder darf mir ein Mann weglaufen"). Aber bei seinem gefühlsarmen Naturell erlebte sie keine wärmende Liebe. Umso mehr klammerte Annette sich an den kleinen Sohn, den zärtlichen, mutterfixierten Wonneproppen Christian.

Es war eine symbiotische, überbehütende, letztendlich egoistische und nicht loslassende Liebe. Als sich Christian mit 16 Jahren, spät genug, dem Würgegriff dieser mütterlichen Python zu entziehen begann, sich seiner Freundin, der „Schnepfe", zuwandte und zum Studium an das andere Ende der Republik zog, verhängte Annette den Bannstrahl über ihn. Das war, tiefenpsychologisch gesehen, eine Abwehrmaßnahme, eine tarnende und schützende Reaktionsbildung: Um ihre neurotische (Ersatz-)Liebe und den somit qualvollen Trennungsschmerz sich nicht offenbaren zu müssen.

Den anderen Teil des Rätsels löste Vater Paul am Ende der packenden radikal ehrlichen Sitzungen selbst. Er sagte: „Ich wurde von meinem Vater nicht geliebt. Dabei bin ich ihm immer wie ein Hündchen nachgelaufen. Er ließ mich auch nicht studieren, was mein brennender Wunsch war. So viel Geld war ich ihm nicht wert. Ich habe unter dieser Zurücksetzung ein Leben lang gelitten. Ich habe ihm bis heute nicht verziehen, obwohl er inzwischen tot ist. Bei meinem Sohn wollte ich die absolute Liebe. Das ging bis zu Christians Pubertät gut. Christian tat alles, was ich tat: Fußballspielen, Basteln, Wandern, Bowling spielen. Er war sozusagen mein Klon. Ich liebte ihn abgöttisch, er mich wohl auch. Dann wurde er plötzlich ganz anders. Er trieb keinen Sport mehr, er wurde zum Bücherwurm. Er wollte auch nicht mehr Ingenieur werden, was doch mein Lebenstraum war. Da begann ich ihn abzulehnen und ihm das Leben schwer zu machen. Ich war maßlos enttäuscht. Eigentlich war ich mehr mit Christian als mit meiner Frau verheiratet gewesen."

Das war es. Paul und Annette hatten Christians Exodus selbst provoziert. Umgekehrt musste Christian flüchten, wenn er sich selbst finden wollte. Die Eltern hätten ihn sonst zu Tode geliebt. Sie hätten ihn zum Verlust seines Selbst getrieben.

Ablösung ist also nicht nur ein Drama für den Jugendlichen, sondern auch für die Eltern, besonders, wenn sie, wie Annette, ihr eigenes kindliches Trennungstrauma und, wie Paul, ihre unbewussten Vater-Sohn-Sehnsüchte und die Wunschdelegationen nicht verarbeitet haben. Überdies diente, wieder unbewusst, Christian in seiner Ablösungsproblematik den Eltern als gemeinsamer Sündenbock, um von der verdeckten Problematik ihrer ungelebten Zärtlichkeit und Sexualität abzulenken.

Als Annette und Paul diese Zusammenhänge begriffen, begann eine ebenso schmerzhafte wie befreiende Seelenarbeit mit ihnen. Die am Ende erfolgte Versöhnungsaussprache mit Christian war ergreifend. Jetzt konnten sie auch die Klugheit und Anmut seiner Freundin wahrnehmen.

Die Eltern erkannten nunmehr auch Christians Leid. Wie sagt Nietzsche, der große Psychologe unter den Philosophen (in *Menschliches, Allzumenschliches*):

„Die unaufgelösten Dissonanzen im Verhältnis von Charakter und Gesinnung der Eltern klingen in dem Wesen des Kindes fort und machen seine innere Leidensgeschichte aus."

Abtreibung

Wie kompliziert das Problem der Abtreibung ist und dass eine moralische Verurteilung in den meisten Fällen an der Not der Frau und ihrer existenziell erlittenen Entscheidung vorbeigeht, das hat Eugen Drewermann in seinem Frühwerk *Psychoanalyse und Moraltheologie* (Band I Angst und Schuld 1982, hier zitiert nach der 11. Auflage Mainz 1992, S. 41 ff.), sensibel beschrieben. Genau diesen tiefsinnigen Text, auf den mich meine Frau – Danke, Ilse! – aufmerksam machte, gebe ich Frauen, die noch nach Jahrzehnten an ihrem Schwangerschaftsabbruch moralisch leiden, zur aufbauenden Lektüre.

Da ist eine 20-jährige Schülerin. In ihr brennt die Wunde der Ungeliebten. Sie fühlt sich von ihren Eltern als Arbeitskraft benutzt, nicht aber als Person geliebt. In dieser Situation flüchtet sie in die Ehe mit einem ausländischen Arbeiter, um in ihr wertschätzende Liebe zu erfahren. Genau das bekommt sie aber nicht. Aus Angst vor den Vorwürfen der Eltern und des Dorfpfarrers wagt sie nicht, diese „Kinderehe" zu verlassen.

In dieser Situation verliebt sie sich in einen 25-jährigen Mann aus dem kirchlichen Sozialdienst. Zwei noch unreife Menschen treffen aufeinander. Der

Mann hat sein Examen nicht bestanden, ist von Minderwertigkeitsgefühlen geplagt. Er hat eine neurotische Frau geheiratet, die zwei Suizidversuche hinter sich hat. Er ist dieser Frau gegenüber überfordert, wendet sich dem Alkohol zu. Die Frau ihrerseits wünscht und gebärt vier Kinder, um ihn an sich zu ketten, weil sie, mit Recht, der Bindekraft ihrer Ehe nicht traut. Drewermann: „Tatsächlich fühlte sich der Mann gegenüber seiner Familie jetzt noch mehr verpflichtet, zugleich aber wuchs auch sein Verlangen nach einem menschlich befriedigenden Kontakt, und er fand einen solchen zufällig, aber auf das Leidenschaftlichste, in der 20-jährigen Schülerin".

Die Schülerin ihrerseits hat zwar keine Scheidung von ihrem Mann gewagt, aber sie hat sich ein Zimmer außerhalb genommen, um den Schulabschluss zu schaffen: „Sie litt sehr unter erheblichen Schuldgefühlen, ihren eigenen Mann so schmählich verlassen zu haben, und um die neue Beziehung vor sich selbst und nach außen hin rechtfertigen zu können, engagierte sie sich über die Maßen im Haushalt ihres neuen Geliebten. Auf diese Weise wurde sie nicht nur die beste Vertraute dieses Mannes, sondern schließlich sogar die beste Freundin seiner Ehefrau. Natürlich durfte diese unter keinem Umstand erfahren, wie es wirklich um ihre neue Helferin bestellt war." Dann entdeckt die Schülerin, dass sie in der 8. Woche schwanger ist.

Die Situation der beiden Liebenden ist tragisch, das heißt, von Widersprüchen bestimmt, die sie zu diesem Zeitpunkt nicht lösen können. Sie haben keine Selbstliebe. Sie haben sich nicht selbst gefunden und den Schatten der Vergangenheit abgestreift. Drewermann: „Es war der Schülerin und ihrem Geliebten durchaus bewusst, dass ihr Verhältnis zueinander ehebrecherisch und schuldhaft war; keiner von beiden aber fühlte in sich die Kraft, auf den anderen zu verzichten.

Der Mann wollte unbedingt an seiner alten Ehe festhalten, aber er glaubte dies nur tun zu können, wenn er sich zusätzlich von einer anderen Frau bestärkt und unterstützt fühlte: Der ‚Ehebruch' war für ihn ein fast unerlässliches Bindemittel geworden, um seiner kranken Frau und den Kindern gegenüber die eingegangene Verantwortung noch weiter tragen zu können.

Die Schülerin erlebte zum ersten Mal, dass sie nicht nur als überaus tüchtig und wertvoll geschätzt, sondern auch als Frau gemocht wurde – ihr ganzes Selbstwertgefühl hing an dieser Beziehung. Auch sie wollte die Ehe ihres Geliebten nicht zerstören, im Gegenteil, sie wollte alles tun, um dessen Frau, ihrer Freundin zu helfen".

Was tun? Drewermann führt aus: „So blieb nur noch ein ... Ausweg offen, den die Schülerin und ihr Geliebter eigentlich am wenigsten wollten und den sie in ihrer gesamten sittlichen Überzeugung als eine schwere Schuld am meisten verurteilten: Das Kind musste abgetrieben werden, und zwar, da die Zeit der Drei-Monats-Frist drängte und weil in der durchweg katholischen Gegend eine ärztliche Hilfe in den Krankenhäusern nicht zu erwarten war, an einem wohlbekannten Ort im Ausland. Was beide als Mord empfanden, ward ihnen doch auf Grund von Umständen, die sie selbst, zugegebenermaßen schuldhaft, aber auch wie schicksalhaft herbeigeführt hatten, in Anbetracht aller Konsequenzen ihres Tuns *aus Verantwortung* nunmehr zur üblen Pflicht. In der Wahl, das Leben der Ehefrau nicht zu gefährden oder das ungeborene Kind zu schützen, zwang sie ihre Verantwortung, nicht allein zwischen Leben und Leben zu entscheiden ..., sondern vor allem zwischen Leid und Leid eine Abwägung zu treffen. Sie waren augenscheinlich an einen Punkt geraten, wo es schwere Schuld zu vermeiden bedeutet hätte, eine noch schwerere Schuld auf sich zu laden."

Es gibt nach Drewermann unter Umständen keinen anderen Ausweg aus einer bestehenden Schuld, als auf tragische Weise durch neuerliche schwere Schuld den Schaden begangener Fehler so gering wie möglich zu halten. Die Situation, die vielleicht zehn Jahre später völlig anders gewesen wäre, war zu diesem Zeitpunkt zementhaft verhärtet.

Drewermann schlußfolgert: „Wäre die Ehefrau nicht eine hochgradig neurotische, unselbständige, suizidal gefährdete Person, wäre der Ehemann stark genug, seine Familie anders zu erleben als mit immer neuen Verpflichtungs- und Schuldgefühlen, wäre die Schülerin imstande, ein Stück weit an ihrer eigenen Liebenswürdigkeit als heranwachsende Frau zu glauben und sich in der eigenen Haut und den eigenen vier Wänden wohler zu fühlen, kurz: hätte man es mit ganz anderen Menschen zu tun, so wäre der tragische Konflikt ... durchaus vermeidbar gewesen."

Der Tiefenpsychologe und katholische Theologe Drewermann zieht das Fazit: „Wer also trug Schuld an der bestehenden Situation? Man kann nur sagen, dass sich hier die Schuld vieler, schicksalhaft vermittelt durch die eigene jeweilige Persönlichkeit, zu einem Knoten zusammenzog, der keine geduldige Entwirrung mehr zuließ. Eben dies aber ist das Thema der antiken Tragödie: dass man in bestimmten Situationen schuldig werden *muss*, um nicht noch größere Schuld auf sich zu laden ..."

Ängste

"Man müsste Menschen, die nicht mehr weiterwissen, auf den Arm nehmen und ein Stück Weges tragen!", sagte Eugen Drewermann einmal. Ein Suizid oder ein Suizidversuch ist fast immer der Ausdruck äußerster Hilflosigkeit und Seelenkatastrophe.

Wer sich tötet oder zu töten versucht, der will im tiefsten Grund seiner Seele leben. Aber er will nicht *so* leben. Ihm gebührt unsere Achtung und unser Mitgefühl. Wir dürfen ihn auch nicht „Selbstmörder" nennen, denn er hat keine heimtückischen, grausamen Motive, keine niedrigen Beweggründe und benützt keine gemeingefährlichen Mittel, von denen das Strafgesetzbuch spricht.

So war es auch bei Werner. Er nahm mit 52 Jahren eine Überdosis Schlafmittel. Es war wohl eher ein letzter Hilfeschrei als eine vollendete Tötungsabsicht. Er wachte im Krankenhaus wieder auf.

Was war passiert? Werners Verzweiflung hatte drei Gründe. Er glaubte, seine (zweite) Frau würde ihn betrügen. Er hatte chronischen Ärger am Arbeitsplatz und fürchtete, seine Stelle zu verlieren. Er litt unter Appetitlosigkeit. Da er kanzerophob war, also von Krebsangst besessen, glaubte er, an einem Magenkrebs zu leiden und daran sterben zu müssen. Werner: „Ich hatte keine Hoffnung mehr. Ich sah alles schwarz." Im Sinne des „präsuizidalen Syndroms" (Erwin Ringel) kreiste sein ganzes Denken nur noch um seine vermeintliche Aussichtslosigkeit und Selbsttötungsphantasien.

Der kaufmännische Angestellte war einer jener Männer, die die Psychologie „den isolierten Typen" nennt: gefühlsabweisend, introvertiert, verschlossen. Werner hatte sich über seine Ängste mit keinem ausgesprochen – weder mit seiner Frau noch mit seinem Chef noch mit seinem Hausarzt. Er schwieg und litt.

Dieses Verhalten entspricht dem männlichen Muster, wie ich es in meinem Buch *Aussichtslos. Selbsttötung. Vorbeugung und Hilfe für Gefährdete und Angehörige* (emu-Verlag, 2003) beschrieben habe. In Deutschland töten sich jährlich, statistisch ausgewiesen – die Dunkelziffer ist höher –, etwas über 9000 Menschen. Das kommt der Bevölkerung einer Kleinstadt gleich. Zwei Drittel der Suizidenten sind Männer. Frauen holen sich eher Hilfe. Die sprachlosen Männer bilden also eine Hochrisikogruppe. Ganz allgemein verbirgt sich hinter dem Suizid zu 80 Prozent eine Depression.

Werner war, von ihm nicht bemerkt, Monate vor dem Suizidversuch, in eine reaktive Depression abgeglitten. Sie ist, wie der Name sagt, eine Reaktionsbildung auf eine schwere, nicht verarbeitete Krise oder ein depressogenes Milieu wie Arbeitsplatz, Familie, Altersheim oder andere negative Lebensfaktoren. Es können auch pubertäre Krisen, Einsamkeit und Abwertung sein.

Zurück zu Werner. Was war die Lösung seines fast tödlichen Blackouts? Antwort: *Aussprache* und *Schattenarbeit*. Der Überlebende darf sich freuen, dass er noch einmal davongekommen ist. Aber er muss über seine existentiellen Konflikte *sprechen* und *Schattenarbeit* leisten. Mit dem Letzteren meint C. G. Jung vor allem die Durcharbeitung der dunklen Seelenanteile.

Werner sprach sich mit seiner Frau aus. Sie hatte zwar unter seiner Sprachlosigkeit gelitten und ihm deshalb auch oft Sexualität verweigert, aber sie war treu wie Gold. Tatsächlich, so stellte es sich in der Therapie heraus, war Werner in seiner ersten Ehe betrogen worden und hatte sich deshalb scheiden lassen. Er war nie über dieses Erlebnis hinweggekommen, weil er den Schmerz nicht zugelassen und nicht verarbeitet hatte. Stattdessen hielt er insgeheim alle Frauen für potentielle Flittchen. Er traute keiner. Er generalisierte also sein Misstrauen. Das ist immer eine neurotische Reaktionsbildung, also wahrnehmungs- und handlungsverzerrend. Herrmann Hesse sagt in einem Brief von 1903: „Dass jede

Liebe ihre tiefe Tragik hat, ist doch kein Grund, nicht mehr zu lieben! Gewiss ist Liebe und Schuld eng verkettet, aber sie ist auch eine Schule der Reife und eine Krone des Lebens."

Jetzt, unter dem Schock seines Suizidversuchs stehend, sprach sich Werner auch mit seinem Chef aus. Er musste erkennen, dass er unzuverlässig gewesen war und viel Mist gebaut hatte. Doch der Chef hatte keinen Augenblick an Kündigung gedacht, weil er Werner schätzte, auch wenn er sich über ihn ärgerte.

Von da an ging es beruflich bergauf. Blieb das Krebsgespenst. Werner suchte, auf mein dringliches Anraten hin, seinen Hausarzt auf. Das Ergebnis der ärztlichen Untersuchung war ebenso frappant wie erleichternd. Werner hatte, um es laienhaft zu formulieren, einen „nervösen Magen". Das heißt, seine funktionelle Störung, die Appetitlosigkeit, war eine psychosomatische, lebensbedingte Antwort auf seine Seelenkrise.

Werner blühte nach dem Krankenhausaufenthalt förmlich wieder auf wie ein Rosenbusch im Mai, beflügelt durch die vielen Gespräche mit seiner Frau, die Aussprache mit seinem Chef und die Therapie. Er erkannte, dass uns das Leben in seiner Konflikthaftigkeit und Schönheit aufgegeben ist.

Das Leben ist, wie Mutter Teresa in einem Gedicht sagt, ein Abenteuer, eine Chance, ein Glück, eine

Herausforderung, eine Hymne, ein Kampf, ein Rätsel, eine Tragödie, eine Seligkeit, eine Undurchdringlichkeit.

„Der Mensch soll", wie Thomas Mann im *Zauberberg* beschwört, „um der Güte und Liebe willen dem Tode keine Herrschaft einräumen über seine Gedanken". Unsere Aufgabe heißt: Leben lernen.

Aktives Vergessen

Was war passiert? Otmar und Hildegard, immerhin beide um die sechzig, stritten sich neuerdings bis an den Rand des Zusammenbruchs ihrer Ehe. Ganz aufgelöst erschienen sie in meiner Praxis.

Der Anlass ihres existenziellen Zerwürfnisses schien mir vergleichsweise banal: Otmar wollte das gemeinsame Haus verkaufen. Hildegard war kompromisslos dagegen. Otmar argumentierte – für meinen Geschmack schlüssig –, da die beiden Töchter unwiderruflich aus dem Haus ausgezogen und verheiratet seien, wäre die Zahl der Zimmer für ein altes, auf die Rente zugehendes Paar zu groß. Er schlug vor, ein kleineres Haus mit einem pflegeleichteren Garten zu kaufen und den übrig bleibenden Erlös aus der Differenz von Verkauf und Neukauf zinsbringend zur zusätzlichen Alterssicherung anzulegen.

Hildegard sprach dagegen von zu viel Aufwand und der Zumutung, den Töchtern ihre „Heimat" zu nehmen. Was mich erschrecken ließ, war der scharfe und unversöhnliche Ton, mit dem sich die beiden Kontrahenten verbal bekriegten. Otmar und Hildegard waren so ein kluges, wie mir schien, weltgewandtes Paar. Warum verbissen sie sich in dieser Frage zähnefletschend wie Pitbulls?

Tatsächlich lag, wie so oft in Fundamentalkrisen langjähriger Beziehung, das Problem in einer tieferen Schicht. Beide konnten nicht vergeben und vergessen. Beide offerierten dem anderen Schuldscheine statt Verdienstscheine. Hildegard hatte eine dreißig Jahre (!) zurückliegende Affäre Otmars nicht vergessen. Otmar hatte sich in eine Kollegin verliebt. Es war damals die zweite sexuelle Beziehung seines Lebens, denn Hildegard und er hatten sich bereits mit 15 Jahren kennengelernt. Es war eine Mischung aus erotischer Neugier und ehelicher Langeweile, die Otmar stolpern ließ. Die Sache war aufgeflogen. Otmar hatte geweint, Reue gezeigt, die Außenbeziehung gut homöopathisch ausgeschlichen und Hildegard tausendfach um Verzeihung gebeten. Hildegard verzieh, aber nur äußerlich. Seit jener Zeit verfolgte sie ihn mit ihrer Eifersucht. Sie konnte nicht vergessen – und nicht wirklich verzeihen.

Umgekehrt brannte aber auch eine Ehewunde in Otmar. Er war ein hochbegabter Ingenieur, ein ehrgeiziger Tüftler und ein Improvisationsgenie. Voller Enthusiasmus arbeitete er sich beruflich in die ihm neue, sich damals stürmisch entwickelnde Computertechnologie ein. Er war innovativ und risikofreudig. Eines Tages eröffnete ihm ein Kollege in der Firma den Plan, das Angestelltendasein aufzugeben und mit ihm zusammen eine Computerfirma mit Blick auf den Markt mittelständischer Unternehmer zu gründen. Beratung und Verkauf sollten eine Einheit bilden.

Otmar war Feuer und Flamme. Als er Hildegard davon erzählte und um ihre Zustimmung bat, bremste sie ihn aus. Dabei hatten sie zu diesem Zeitpunkt noch keine Kinder, und Hildegard brachte von ihrer Lehrerinnentätigkeit gutes Geld heim. Hildegard war, auch in späteren Jahren, immer ängstlich und extrem auf Sicherheit bedacht. Alle Argumente Otmars halfen nicht. Hildegard drohte, ihn im Falle seiner Kündigung in der jetzigen Firma und der neuen Existenzgründung zu verlassen. Otmar machte, wie er in der Paarsitzung mit Wut bekannte, „den größten Fehler meines Lebens" – er gab dem Kollegen eine Absage. Dieser wurde, mit einem anderen Kompagnon aus der gleichen Firma, im Verlauf zweier Jahrzehnte zum Millionär.

Erinnern, Vergeben und Vergessen bilden jedoch die Hausaufgaben einer erfahrenen Partnerschaft. Das dauerhafte Wiedererinnern schuldhafter Erfahrungen provoziert dagegen den Kampfruf zu Vergeltung und Rache. Natürlich setzt die Vergebung voraus, dass wir uns daran erinnern, was wir vergeben. Aber es gibt auch etwas wie ein „aktives Vergessen". Wie heißt es in der Operette *Die Fledermaus* von

Johann Strauß: „Glücklich ist, wer vergisst, was nicht mehr zu ändern ist".

Wir „entsorgen" dann bewusst die Mülldeponie unserer toxischen Erinnerungen. Sonst wird die Erinnerung zur Hölle. In der griechischen Mythologie gibt es im Jenseits zwei Möglichkeiten, den Übergang vom Leben zum Tod zu passieren. Der eine Weg führt über den Fluss *Acheron* in den Hades. Dieser reaktiviert alle Erinnerungen an das vergangene Diesseits. Der Entschlafene wird von diesen Erinnerungen bis in alle Ewigkeit gepeinigt. Das ist seine wahre Hölle. Überquert der Verstorbene jedoch den Fluss *Lethe*, so verliert er sein Gedächtnis. Er wird für alle Zeiten von seinen quälenden Erinnerungen befreit und betritt damit das Elysium, den Himmel.

Was für das glückliche Jenseits der Griechen gelten mag, trifft ganz elementar für das Überleben von Paaren im prosaischen Diesseits zu: Zugefügtes Unrecht zu vergeben und bewusst außer Acht zu lassen. Hildegard und Otmar lernten, ihre gegenseitigen Schuldscheine zu verbrennen. Man nennt das in der Psychologie die „resignative Reife".

Sie legten „Verdienstkonten" an. Sie brachten all das Erinnerungswürdige an das Tageslicht ihres Ehealltags: Die gelungene Erziehung ihrer fabelhaften Töchter. Ihre Weltreisen. Ihr gleichwohl beachtlicher Wohlstand. Ihre gemeinsamen musischen und sportlichen Leidenschaften. Ihr soziales Engagement. Ihre fernöstliche Spiritualität. Ihre Fähigkeit zur gegenseitigen Zärtlichkeit und Verwöhnung, die sie nun wiederbelebten.

Hildegard und Otmar knüpften an der ursprünglichen Paarutopie und ihrem erotischen Funkenflug an. Sie vergaßen die Schuldscheine. Sie holten die Verdienstscheine aus den ehelichen Schubladen. Wer liebt, kränkt sich auch. Eheleute sollten öfters den Lethetrunk aus dem Fluss des Vergessens trinken. Ehe ist, wenn man trotzdem liebt.

P. S.: Otmar hat ein neues, kleineres Haus gebaut – aber nach Hildegards Plänen.

Alkohol

Die Partnerschaft von Frieder und Elke dümpelte vor sich hin wie ein sauerstoffarmer Tümpel.

Gewiss, das Paar war wohlsituiert, ihre beiden Kinder waren wohlgeraten und bereits berufstätig. Das 50-jährige Paar besaß ein Zweithaus in Frankreich, ein Segelboot und einen Golden Retriever. Aber Elke und Frieder waren ebenso unglücklich über ihre armselige Zärtlichkeit und Sexualität wie unbeweglich in ihrer Partnerschaft. Da sie beide in ihren selbstständigen Berufen eher überengagiert waren, arbeitete ich mit ihnen neue Vereinbarungen über mehr Freizeit, gemeinsame und getrennte Unternehmungen aus. Wir sprachen über ihre kindlichen Defizite, frühere Beziehungserfahrungen, Kommunikationsstörungen, kurz über all die klassischen ehelichen Materialermüdungen und Sollbruchstellen. Aber die Vereinbarungen griffen nicht, ein Neubeginn stellte sich nicht ein.

Nach der vierten Sitzung nahm ich mir ein Herz und sagte sinngemäß: „Ich verliere den Mut. Ich kann euch nicht helfen. Ich bin mit meinem Latein am Ende. Ihr seid ein so kluges Paar. Ich kann einfach nicht herausfinden, was euch in der Tiefe voneinander trennt." Da wurden beide unruhig. Sie schauten sich fragend an. Der Abbruch der Paartherapie stand bevor. Immerhin hatten sie sich auf den langen Weg in meine Praxis gemacht, Zeit und Geld investiert. Jetzt sagte Elke plötzlich: „Ich kann nicht länger schweigen. Frieder trinkt."

Wir fragten uns jetzt: Wie kam der disziplinierte Frieder, ein pflichtbewusster Geschäftsmann, an das Trinken? In seinem Fall gab es zwei Ursachen: Frieders Vater trank häufig und exzessiv, funktionierte jedoch beruflich. Frieder imitierte ihn in seinem Verhalten. Er trank grundsätzlich nur außerhalb der Arbeit und versäumte keine Stunde in seinem Betrieb.

Als zweite Trinkursache erwies sich die Insolvenz seiner ersten Firma. Frieder: „Ich habe mich von meinem damaligen Kompagnon übertölpeln lassen. Er brachte die versprochene Einlage in die Firmengründung nicht, er hob im Gegenteil vom Firmenkonto hohe private Beträge ab, so dass wir zahlungsunfähig wurden. Ich habe mich geschämt vor meinem Unternehmervater, der mir Geld für die Existenzgründung geliehen hatte. Ich kämpfte wie ein Löwe um den Erhalt meiner Firma, konnte jedoch den finanziellen Zusammenbruch nicht abwehren."

Frieder begann heimlich zu trinken. Er versuchte Scham und Sorgen im Alkohol zu vergessen. Das

wird nie klappen. Der Schauspieler Heinz Rühmann sagte dazu: „Sorgen kann man nicht ertränken. Sorgen können schwimmen."

Frieder und Elke litten gleichermaßen, wenn auch auf verschiedene Weise, unter Ihrer Scham. Frieder schämte sich für seine berufliche Katastrophe. Er wagte nicht, seine Enttäuschung, seinen „Gesichtsverlust" und seine Minderwertigkeitskomplexe Elke zu offenbaren. Er fühlte sich als Versager. Die Flasche wurde sein Trost.

Elke wiederum schämte sich, einen Alkoholiker als Mann zu haben. Deswegen verdrängte sie diese Einsicht. Elke: „Lange Zeit versuchte ich mir einzureden, dass das eine vorübergehende Krise von Frieder sei. Ich sagte mir, Männer saufen halt in solchen Situationen. Das gibt sich von selbst wieder. Doch Frieders Trinkerei zog sich hin, insgesamt über zehn Jahre. Ich setzte alle Hoffnung auf die Gründung seiner neuen Firma. Sie war erfolgreich. Frieder ist in den schwarzen Zahlen. Er hat einen tüchtigen Geschäftsführer und braucht sich keine Sorgen zu machen. Warum trinkt er immer noch?"

Das war nun in der Tat Frieders Problem. Seine Sucht war habituell geworden, das heißt gewohnheitsmäßig und schwer abzuschütteln. Im Sinn der Alkoholikerkategorie des amerikanischen Professors Jellinek degenerierte Frieder zum *Spiegeltrinker*.

Von den sogenannten „unteren Schichten" bis zu den „gehobenen Kreisen" ist in der reichen Bundesrepublik das Spiegeltrinken epidemisch verbreitet.

Der Spiegeltrinker braucht, hält und steigert langfristig seinen täglichen Alkoholspiegel. Oft offenbart sich erst nach Jahrzehnten diese Form des Alkoholismus eines Tages völlig unvermittelt – in der Leberzirrhose, der Arterienverkalkung, der Trinkerhepatitis oder der Ösophagusvarizenblutung, also dem Platzen von Krampfadern in der Speiseröhre. Hier manifestierte sich Frieders Spiegeltrinkerei – eine Flasche Rotwein, eine Flasche Bier am Abend – als Ehekrise.

Mit ihrem Verschweigen des Alkoholproblems, auch in der Paarberatung, wurde Elke, wie viele Partner im Alkoholdrama, zur – unfreiwilligen – Komplizin ihres kranken Mannes. Weil sie keine klaren Konsequenzen ergriff, sondern Frieders Alkoholabhängigkeit vor der Familie und den Freunden verschwieg und damit deckte, weil sie ihn mit fruchtlosen Bitten und nicht ernst zu nehmenden Drohungen („Ich könnte dich ja auch verlassen") traktierte, konnte er ein Jahrzehnt lang saufen. Man verzeihe mir den harten Ausdruck, aber im Suchtgeschehen, auch bei den Nikotin-, Ess-, Fernseh- und Computersüchtigen, sollte man nicht um den heißen Brei reden und bagatellisieren.

In der Sprache der Suchttherapie zu formulieren wurde die tapfere und strapazierfähige Elke zur *Co-Abhängigen*. Ihr Leben kreiste nur noch um Frieder und sein Trinken. Mit der Verweigerung der Sexualität wollte sie ihn bestrafen, verstärkte damit aber nur die gegenseitige Aggression. Sie versteckte ihm den Alkohol, fuhr den besoffenen Mann von Einladungen bei Freunden nach Hause, sie schmeichelte, tobte, schrie – aber sie blieb.

Elke, so stellte sich im Laufe unserer Gespräche heraus, war schon als kleines Mädchen die Helferin gewesen. Wenn die chronisch depressive Mutter wieder einmal in der Familie und im Haushalt ausfiel, übernahm sie deren arbeitsmäßigen und emotionalen Part, versorgte Vater und Brüder und nahm sich bis zur Unkenntlichkeit zurück. „Ich bin, weil ich helfe", war die Legitimationsbasis ihres labilen Ichs.

Wie so oft im Alkoholdrama zogen Mann und Frau aus der verhängnisvollen Partnerkonstellation neurotischen Gewinn. Frieder profitierte von Elkes Helfersyndrom und Co-Abhängigkeit. Diese Frau, so spürte er, war auf das Helfen abonniert und würde ihn nie verlassen. Sie opferte ihr Leben für ihn (und für die Kinder) auf. Exakt das beschreibt die Autorin Pia Mellody in ihrem Buch *Verstrickt in die Probleme anderer. Über Entstehung und Auswirkung von Co-Abhängigkeit* so: „Wenn wir das Leben anderer wichtiger nehmen als unser eigenes, wenn wir uns um andere kümmern und uns selbst dabei vernachlässigen, so dass wir unter körperlichen und seelischen Störungen leiden, dann wird das heute als Co-Abhängigkeit bezeichnet."

Was war Elkes neurotischer Gewinn? Erstens: Sie war der Gutmensch. Zweitens: Sie brauchte sich nicht um ihr eigenes Leben zu kümmern, sondern delegierte ihre Verantwortung an ihn. Sie hatte ein Alibi für ihren Selbstverrat: „Wenn du nicht mehr säufst, bin ich glücklich." Drittens: Sie maßte sich in einem Akt der Überhebung, wie viele Alkoholiker-Partner, die Rolle seiner Therapeutin an.

Und das Ende vom Lied? Elke stieg aus ihrer Co-Abhängigkeit aus. Sie stellte (mit massiver Rückendeckung von ihrer Freundin und mir) Frieder vor die klare Alternative: „Entzugsklinik oder Ende der Ehe." Frieder akzeptierte. Er schaffte es, in einem sechswöchigen Klinikaufenthalt trocken zu werden.

Hut ab! Frieder hielt es mit dem klugen Spruch der Anonymen Alkoholiker (AA): „Es ist keine Schande, Alkoholiker zu sein, es ist eine Schande, nichts dagegen zu tun." Jetzt griff auch die Paartherapie.

Außenbeziehung

"Schweigen kann die grausamste Lüge sein", konstatierte der englische Schriftsteller Robert Louis Stevenson (1850–1894). Diese Wahrheit erfuhren auch Maritta und Klaus, als ihre Ehe in eine Krise geriet und sie meine Praxis aufsuchten.

Der eheliche Supergau der beiden Fünfundvierzigjährigen ereignete sich, als Maritta durch Zufall entdecken musste, dass ihr ach so braver Klaus seit fünf Jahren eine rattenscharfe Außenbeziehung mit einer Kollegin unterhielt. Maritta schmiss ihren Ehemann aus dem Haus. Sie war verzweifelt und dachte an Trennung. Klaus, der an Maritta und den Kindern, beide unter zehn Jahre, hing, weinte am laufenden Band, schwor Reue und Besserung.

Was war der Hintergrund dieser Außenbeziehung, die immerhin ein halbes Jahrzehnt währte und gewissermaßen Marathonausmaße besaß? Die Sexualität war dem Paar schon vor zehn Jahren abhanden gekommen. Maritta litt unter einer schweren Polyarthritis. Diese führte zur Berufsunfähigkeit. Sie hatte Schmerzen beim Coitus. Auch der Gynäkologe vermochte ihr nicht zu helfen. Maritta lebte insgesamt nicht ihre Weiblichkeit. Klaus war über Jahre hinweg zum sexuellen Hungerkünstlerdasein verdammt – und holte sich schließlich die Lust außerhalb der ehelichen Mauern.

Immerhin bewirkte das Auffliegen seines sexuellen Outsourcing den besagten Supergau, die Infragestellung der Ehe, Gespräche über Gespräche und den Gang zum Therapeuten. Es war, das muss zur Ehre von Klaus gesagt werden, seine Initiative, die bitter enttäuschte Maritta in die Paartherapie zu schleppen.

Jetzt war von Schweigen keine Rede mehr. „Krise bricht Schweigen", sagt das psychologische Sprichwort. Zwar wirkte Klaus, ein stämmiger und potenter Mann, geknickt und zerknirscht wie ein Ladendieb, doch er äußerte erstmals seine Wut. Er erklärte sich gegenüber Maritta mit den Worten: „Von dir bekam ich ja sexuell nichts mehr. Es war nicht auszuhalten. Da habe ich mir draußen Sex gesucht." Er bagatellisierte seine sexuelle Dauereskapade allerdings mit der Mogelpackung, „diese Frau hat mich richtig verführt."

Dass er ein sexueller Hungerleider in der Beziehung mit Maritta gewesen war, stimmte. Das mit der Verführung war ein lausiges Entlastungsargument. Mit so einer Lüge kann man keine Verzeihung vom Partner erreichen. Sie verlangt ein Schuldbekenntnis ohne Wenn und Aber. Maritta gab Klaus ebenso entschieden zurück: „Warum hast du mir nichts über deine Enttäuschung und Wut über meine sexuelle Abwehr gesagt? Es stimmt, ich habe dich oft abgewehrt. Aber warum hast du mir deine Aggression nicht zugemutet? Ich bin sicher, ich wäre aus meinem sexuellen Dornröschenschlaf aufgewacht. Ich will mich nicht mehr hinter meiner Krankheit verstecken."

Maritta war ehrlich entrüstet: „Ich will einen starken Kerl. Ich will, dass du mir Kontra gibst und nicht deine Bedürfnisse nach außen trägst!"

Beide, Maritta und Klaus, hatten das getan, was viele Paare machen – sie einigten sich, wie Ulrich Clement (in *Systemische Sexualtherapie*) festhält, auf eine „Sexualität des kleinsten gemeinsamen Nenners". Sie muteten sich in ihren erotischen und emotionalen Bedürfnissen einander nichts zu. Sie sprachen nicht über ihren Frust. Sie schonten damit ihre Beziehung an den Rand des Todes.

Der Sexualwissenschaftler Clement kommt zu dem Schluss: „Rücksicht und Gegenseitigkeit, also durchaus Tugenden der partnerschaftlichen Kooperation, können im erotischen Kontext sedative (einschläfernde – M. J.) Wirkungen haben." Die Sexualität verdorrt dann wie eine Steppe ohne Regen. Doch die Maxime gilt: „Serengeti darf nicht sterben".

In der Therapie mussten Klaus und Maritta die Giftmülldeponie unter ihrer brachliegenden Sexualität orten und entsorgen. Der aggressionsgehemmte Klaus durfte endlich lernen, zu seinen erotischen Bedürfnissen in der Beziehung zu stehen, seiner Frau die Stirn zu bieten und ein Ritter mit dem Schwert zu werden, anstatt sich wie ein kleiner Junge hinter Mamis Rücken zu einer anderen Frau zu schleichen.

Maritta hatte als Tochter eines Alkoholikers ein verheerend negatives Männerbild und durch eine rigide mütterliche Sexualerziehung („Halte dich fern von den Männern", „Die Männer wollen nur Sex, die Frauen müssen es dann ausbaden") Angst vor der Geschlechtlichkeit. „Ich habe", so bekannte sie in der Paarberatung freimütig, „oft meine Polyarthritis benützt, um mich der Sexualität mit dir zu entziehen".

Die Wahrheit, so unbequem und hart sie sein mag, macht frei. Maritta und Klaus erkannten, dass beide in das Drama der Außenbeziehung verwickelt waren. Sie entdeckten ihre Defizite und Entwicklungsaufgaben als Frau und als Mann. Sie weinten und wüteten. Sie begannen aus der Tiefe miteinander zu reden.

Auf sie traf das Wort der amerikanischen Psychologin Harriet Lerner zu, die in ihrem Buch *Magie der Worte. Vom gegeneinander Schweigen zum miteinander Reden* sagt: „Unsere Gespräche erschaffen uns.

Durch unser Reden oder unser Schweigen kann unser Selbst größer oder kleiner werden. Durch unser Reden oder unser Schweigen setzen wir einen anderen Menschen herab oder bringen ihn weiter, und wir verengen oder erweitern die Möglichkeiten zwischen uns."

Beziehungssucht

Kann man beziehungssüchtig sein?

Sabine kam zu mir, weil sie von ihrem Lebensgefährten Karsten nicht loskam. Dabei war das, was der 58-jährige, zweimal geschiedene Frührentner ihr antat, starker Tabak: Karsten hatte sie in den vergangenen zwei Jahren dreimal geschlagen und mit zwei Frauen betrogen. Ich entschloss mich, zu Sabine offen zu sagen: „Wo ist das Problem? Deine Beziehung ist indiskutabel. Du bist als Lehrerin finanziell unabhängig. Dein Sohn aus deiner ersten Ehe ist längst aus dem Haus. Warum schmeißt du Karsten nicht raus? Du bist ja nicht einmal mit ihm verheiratet!"

Die 48-jährige Pädagogin, gescheit, etwas übergewichtig und zu depressiven Rückzügen geneigt, widersprach mir heftig. Sabine: „Dann ist mein Leben zu Ende. Ohne Mann macht das Leben keinen Sinn. Ich würde sterben vor Einsamkeit." Ich war sprachlos. Sabine war belesen, spielte ein Musikinstrument, hatte kluge Freundinnen und bildete sich häufig in Volkshochschulkursen fort. Kurz, sie war eine patente Frau mit schönen rehbraunen Augen und einer warmen Ausstrahlung. Und Karsten, bierbäuchig und geistig mäßig interessiert, war alles andere als ein Apoll. Warum nur war für Sabine der Gedanke an eine Trennung so lebensbedrohlich?

Natürlich hatte Sabines Verhalten wie viele Persönlichkeitsstörungen eine Ursache in der Vergangenheit. Sabine war das dritte und letzte Kind einer erfolgreichen, hart arbeitenden Kinderärztin. Sie war eine Nachzüglerin. Die beiden älteren Schwestern waren neun beziehungsweise acht Jahre älter als sie. Nach Sabines Geburt trennten sich ihre Eltern. Das war zunächst für die Schwestern ein schwerer Schlag. Der Vater hatte sie als Richter, der überwiegend zu Hause arbeitete, liebevoll betreut. Nach der Scheidung stellte die Mutter eine Hausgehilfin ein, um sich weiter ganz ihrem ärztlichen Beruf widmen zu können.

Die kleine Sabine wurde zum Schattenkind, das der mütterlichen Sonne entbehrte. Umso mehr klammerte sie sich, in der verzweifelten Sehnsucht des Kindes nach Liebe, an das Hausmädchen. Dieses kündigte ihre Stellung, als Sabine sieben Jahre alt war. Die pubertierenden Schwestern konnten mit der kleinen Sabine nichts anfangen. Die neue Haushaltshilfe entzog sich Sabines Liebeswerben. Die Mutter nahm sich keine Zeit für ihre Jüngste. Sabine wurde nicht von den liebenden Augen der Mutter gespiegelt. Sie wurde einsam und fühlte sich wertlos.

Die Psychotherapeutin Alice Miller erläutert (in *Wege des Lebens*, 1998): „Der Mensch lernt sich ja in den Augen der Mutter zu erkennen. Das französische Wort *merveille, wunderbar*, mit seiner Verbindung von *mère*, Mutter, und *veille, wach*, bringt diese Erkenntnis zum Ausdruck." Die Autorin spricht von „der Erniedrigung, der Entwertung, die beim Kind oft dazu führt, dass es später seinen Wert ignoriert, ihn ja gar nicht wahrnehmen kann."

Sabine verbrachte Jahre bis zum fünfzehnten Geburtstag in dieser – äußerlich unsichtbaren – Scham und inneren Emigration. Mit fünfzehn verliebte sie sich in eine Schulkameradin. Sabine: „Obwohl diese meine Liebe nicht erwiderte, ja sogar massiv abwehrte, folgte ich dem Mädchen bis zum Abitur wie ein Hündchen. Wenn sie mich abwimmelte, zog ich mich oft mit einem Foto von ihr in mein Bett zurück. Mein ganzes Denken kreiste nur um sie."

Das Problem war weniger die – vorübergehende – Neigung zu einer Frau, sondern Sabines Klammern. Denn das nahm in ihrem Leben kein Ende. Sie klammerte ihren ersten Studienfreund, bis dieser ihrer weichen Vergewaltigung ein Ende setzte. Sie klammerte ihren ersten Ehemann, dem sie mit krankhafter Eifersucht zusetzte und ihn schließlich aus der Ehe trieb. Sie klammerte in insgesamt drei

Beziehungen, bevor sie Karsten kennenlernte. Sie machte sich jedes Mal hörig und untertänig. Jede Trennung war für sie eine Katastrophe. Einmal unternahm sie sogar einen – zaghaften – Suizidversuch.

Wenn die *Wunde der Ungeliebten* (Peter Schellenbaum) in uns brennt und wir uns als wertlos, isoliert und lebensunfähig empfinden, so neigen wir dazu, uns den Partner als „Sklaven" unseres Suchtverhaltens anzuheuern. Wir sind dann beziehungssüchtig. Mit der Droge Partner suchen wir, unserer Lebens- und Liebensnot zu entrinnen: Weil wir uns selbst nicht lieben.

Je weniger ich mich selbst liebe, desto stärker bin ich auf das Geliebtwerden angewiesen. Diesen Absolutismus der Liebe hält kein Partner aus. Als Beziehungssüchtiger stürze ich mich daher in die Sehn-Sucht nach alles verschmelzender Liebe und kindlicher Abhängigkeit, die unerfüllbar ist. Alice Miller sagt (in *Das Drama des begabten Kindes*, 1983): „Manchmal muss ich mich fragen, ob es uns überhaupt je möglich sein wird, das Ausmaß der Einsamkeit und Verlassenheit zu erfassen, dem wir als Kinder und folglich auch, intrapsychisch, als Erwachsene ausgesetzt waren oder sind." Sie weist aber auf den heilenden Weg: „Die Erfahrung lehrt uns, dass wir im Kampf mit den seelischen Erkrankungen auf die Dauer nur ein einziges Mittel zur Verfügung haben: die Wahrheit unserer einmaligen und einzigartigen Kindheitsgeschichte emotional zu finden und sie anzunehmen."

Für Sabine bedeutete dies, sich mit ihrer Sehnsucht zu konfrontieren, ihre Ängste, Bedürfnisse und Verletzungen ins Auge zu fassen. Das war ein Weg in das Dunkle ihrer Persönlichkeit. Der Weg in das Herzstück ihrer Lebenslüge, ihres Selbstbetrugs und ihrer Selbsttäuschung. Das machte ihr in den Sitzungen immer wieder Angst.

Der negative Aspekt der Angst ist die mögliche Lähmung der Seele. „Wer einmal von einer Schlange gebissen wurde", lautet ein afrikanisches Sprichwort, „der hat Angst vor jedem Stückchen Schnur". Es gibt aber auch den positiven Aspekt: Die Angst verleiht Flügel. Sabine flog Karsten davon. Sie wagte es erstmals, allein zu leben und stolzer Gast bei sich selbst zu sein.

Blendfassade

Ewald, ein auf dem zweiten Bildungsweg zum Fachhochschulingenieur avancierter Sohn eines Brauereiarbeiters, kam zu mir, um sich, wie er formulierte, von mir „coachen" zu lassen. Der Begriff stammt ursprünglich aus dem mittelalterlichen Fahrgewerbe: Der Kutscher, der coach, lenkt die Kutsche. Mir wurde klar, dass Ewald dringend einer Therapie bedurfte, aber dies vor seinem zwanghaften Über-Ich nicht zugeben konnte. Also ernannte er mich hoheitsvoll zu einer Art Chefberater.

Wenn ich nicht Ewalds Not gespürt hätte, wäre er mir als Therapeut mächtig auf den Senkel gegangen. Er spielte sich gewaltig auf, er produzierte sich förmlich und schlug Räder wie ein Pfau. Natürlich war er, seinen Angaben nach, eine absolute Spitzenkraft in seinem „marktführenden Betrieb", wie er posaunte: „Die Mitarbeiter sind unfähig, der Chef senil, ich habe den Betrieb in die schwarzen Zahlen gebracht."

Ewald streute imposante englische Fachausdrücke in seine selbstdarstellerischen Monologe, er sprach vom *shareholder value*, vom *defizit spending* und vom *outsourcing*, kurz er schlug mir das aalglatte Vokabular der wirtschaftlichen Spitzenetagen so um die Ohren, dass ich ihm oft nicht folgen konnte. Mit wahren verbalen Maschinengewehrsalven streckte er mich nieder, bevor ich überhaupt nachfragen konnte.

Vor allem redete er fast unaufhörlich nur von sich. Die wichtigsten Menschen seiner Umwelt, seine Frau Sybille, der Chef, die Kollegen, kamen nur als schattenhafte Komparsen seiner Inszenierung vor. Wie sagt doch die Aphoristikerin Marie von Ebner-Eschenbach so scharfsinnig: „Menschen, die viel von sich sprechen, machen, so ausgezeichnet sie übrigens sein mögen – den Eindruck der Unreife."

Ewalds Situation veränderte sich noch während der Therapie dramatisch. Sein Imponiergehabe basierte auf Wunschvorstellungen. Tatsächlich befand sich der angeblich mittelständische Branchenführer, der, die Sekretärinnen mitgezählt, genau zehn (!) Mitarbeiter besaß, in den roten Zahlen und musste Insolvenz anmelden.

Ewald, unsere europäische Spitzenkraft, war der Erste, dem der Chef mit den Worten kündigte: „Ich habe Ihre Rechthaberei und Selbstgefälligkeit satt." Da saß nun Ewald wie ein Häufchen Unglück auf dem Sofa in meiner Praxis und kämpfte zum ersten Mal mit den Tränen.

Ewald wurde menschlich. Ich habe schließlich selbst auch berufliche Niederlagen in meinem Leben erlebt. Jetzt konnten wir zusammen wirklich die „Kutsche" aus dem Dreck ziehen. Wir taten das, indem wir hinter Ewalds Imponiervorhang die karge Bühne seiner tatsächlichen Lebenswirklichkeit betraten und aufräumten. Er hatte sich übrigens, typisch für den Imponierschauspieler, eine äußerlich unscheinbare und introvertierte Frau *komplementär* ausgewählt.

Wie ein Teufel das Weihwasser vermied Ewald Ich-Botschaften und vermied damit Intimität. So sagte er beispielsweise zu Sybille in der Sitzung: „Du kannst doch keinen arbeitslosen Mann brauchen. Dann verlierst du doch jeden Respekt vor ihm." Woher wusste er das so genau? Besaß er eine Filiale in Sybilles Gehirn? Ich bat Ewald, den gleichen Satz als Ich-Botschaft zu formulieren.

Jetzt sagte er: „Ich fürchte, du kannst mit mir nichts mehr anfangen, wenn ich arbeitslos bin. Ich habe Angst, du verlierst die Achtung vor mir." Nun war Sybille gerührt. Sie spürte die Nöte des kleinen Jungen in ihrem Ewald. Statt ihm lange Versicherungen abzugeben, stand sie auf und schloss ihn in die Arme. Liebe ist, sagt Rilke, „wenn sich zwei Einsame beschützen und berühren und miteinander reden."

In der Stunde der Not erwies sich Ewalds Frau Sybille als eine wahre Jeanne d'Arc: Die Mutter von zwei halbwüchsigen Kindern besserte jetzt sein Arbeitslosengeld durch acht (!) Stunden Putzen täglich auf. Sybille bekannte Ewald nun: „Früher habe ich mich immer vor deinem Großtun gefürchtet. Ich bin mir klein vorgekommen. Jetzt, wo du abgestürzt bist, bist du auf der gleichen Augenhöhe mit mir. Du bist ja gar nicht so ein Überflieger. Du bist ein ganz Lieber."

Gegenüber Ewald neigte Sybille zur *demonstrativen Selbstverkleinerung*. Sie beruhte auf ihrem Minderwertigkeitsgefühl. Sybille hatte im Grunde den gleichen „Minderwertigkeitskomplex" (Alfred Adler) wie ihr Ewald. Nur, sie zeigte ihn, er verbarg ihn hinter seinem Imponiervorhang. Sybille zog aber auch, bis zu Ewalds wirtschaftlichem Zusammenbruch, Gewinn aus ihrer permanenten Selbstverkleinerung. Auf der Selbstoffenbarungsebene signalisierte sie damit nämlich ihrem Mann „Ich bin so schwach, bitte, bitte, hilf mir".

Das tat Ewald denn auch prompt. Beide profitierten auf eine neurotische Weise davon: Sybille ließ sich die Lasten des Lebens in der rauen Außenwelt abnehmen. Ewald, der Neurosenkavalier, fühlte sich als Retter der Hilflosen und Waisen in seinem megalomanen Ich noch bestärkt.

Die komplementäre Beziehung eines Fassadentechnikers mit einer sich verkleinernden Zwergenfrau ist eine gegenseitige Freiheitsberaubung in beiderseitigem Einvernehmen.

Depression

Hildegard, vierundfünfzig, Grundschullehrerin, schrieb mir einen verzweifelten Brief. „Ich verstehe die Welt nicht mehr", klagte sie, „wir könnten es so schön haben, aber mein Mann hat sich mir total entfremdet."

Hildegard schrieb: „Wir haben ein schönes Haus und einen großen Garten. Das Haus ist abbezahlt. Wir haben keine finanziellen Sorgen, sondern können uns erstmals im Leben größere Anschaffungen und Reisen leisten. Unser Sohn und unsere Tochter studieren und leben in glücklichen Verbindungen. Ich arbeite mit halbem Deputat und genieße nach all den Jahren der beruflichen und privaten Doppelbelastung meinen größeren Freiheitsraum. Ich leiste mir eine Putzfrau. An der Seniorenuniversität habe ich Geschichte und Germanistik belegt, was ich eigentlich immer studieren wollte und auf Grund meiner ersten frühen Schwangerschaft nicht tun konnte. Vielleicht mache ich sogar noch den Magister. Doch mit meinem Mann Bernhard ist es eine Malaise."

Was war geschehen? Bernhard hatte sich fünf Jahre zuvor wortlos zurückgezogen und sich in der kleinen Einliegerwohnung im Souterrain des Hauses einquartiert. Er war schon immer ein Schweiger gewesen und schizoid, das heißt gefühlsabspaltend. Er war der „isolierte Persönlichkeitstypus". Der gelernte Maschinenbauingenieur war ein Mensch, der, wie der Soziologe Habermas es nennt, einen „technischen Umgang mit sich selbst" hat.

Bernhard gab keine Begründung für seinen Rückzug. „Er wirkte grau und verschlossen auf mich", schrieb Hildegard. Sie konnte sich keinen Reim auf seinen Gesinnungswandel machen. Er hatte eine gesicherte Position als Kommunalbeamter in einer Bauaufsichtsbehörde, er litt an keiner sichtbaren Krankheit und war gesellschaftlich anerkannt. Hildegard vermutete, Bernhard habe eine Freundin.

Hildegard: „Aber dazu passte nicht, dass er chronisch verstimmt war und sich inzwischen auch kleidungsmäßig gehen ließ. Er ging auch nicht aus, sondern hockte Abend für Abend in seinem spartanisch eingerichteten Kabuff. Er aß kaum, magerte ab und rauchte fast ununterbrochen."

Hildegard erlebte mit Bernhard eine Achterbahn der Gefühle. Denn nach einem halben Jahr, im darauffolgenden Frühling, kam er, wie sie schrieb, „reumütig" in die gemeinsame Wohnung zurück. Sie schliefen sogar wieder miteinander. Aber sie konnte nicht herausbringen, warum er sich so hartnäckig zurückgezogen hatte. Er wusste es selbst nicht. Er sagte nur: „Ich war alles so leid."

Noch zwei Mal zog Bernhard, obwohl er Hildegard „Besserung" versprochen hatte, in seine Kellerwohnung zurück, verweigerte Gespräch und Sexualität und nahm am Familienleben keinerlei Anteil. Die ganze Zeit funktionierte er jedoch in seinem Beruf wie eine gut geölte Maschine. Hildegard hatte sogar den Eindruck, dass er mit seinem arbeitssüchtigen Verhalten irgendeine innere Not überdecke und kompensiere. „Es sieht so aus", vermutete sie in ihrem Brief, „als ob ihn in diesen merkwürdigen Rückzugsphasen nur die Arbeit am Leben halte."

„Was soll ich tun?", war Hildegards Frage. Sie befürchtete mit Recht den nächsten Rückfall und das Ende ihrer Ehe. Bernhard kam zu mir in die Therapie. Wir arbeiteten lange und gründlich. Auch bei bestem detektivischem Spürsinn konnten wir keine Ursachen für seine chronische Verstimmung entdecken. Bernhard liebte seine Frau, die ihm ein guter Kumpel, Geliebte und humorvolle Lebensgefährtin war. Er hing an seinen Kindern und bewunderte ihre Klugheit. Seine Arbeit in der Behörde war für ihn eine Lebensaufgabe voller Anerkennung und Entwicklung geworden. Er war über zehn Jahre nicht mehr bei einem Arzt gewesen und hatte, wie er stolz bemerkte, „nie eine Kur gebraucht".

Auch seine Kindheit erwies sich als ein Ort der Geborgenheit. Er war das geliebte Nesthäkchen unter vier Kindern gewesen. Die familiären Verhältnisse waren stabil und wärmend. Der kleine Bernhard kannte weder Einsamkeit noch Minderwertigkeitskomplexe, er war im Gegenteil voller explosiver Lebensfreude und technischer Geschicklichkeit. Frühkindliche Traumatisierung? Fehlanzeige.

Ein eher beiläufig hingesagter Satz von Bernhard brachte uns auf die analytische Spur. „Von Zeit zu Zeit überkommt mich Niedergeschlagenheit", konstatierte er. Wie sich das äußere, wollte ich wissen. Bernhard nannte folgende Symptome: Hoffnungslosigkeit, Appetitstörung, Freudlosigkeit, Ängste, Traurigkeit, Konzentrationsstörungen, Entscheidungsschwäche, Schlaflosigkeit, Interesselosigkeit, allgemeine körperliche und geistige Verlangsamung.

Das war es. Das macht exakt das Erscheinungsbild der Depression aus. Bernhards Fall war deshalb so kompliziert und für Hildegard uneinsichtig, weil es sich um keine *reaktive Depression*, also eine Antwort auf ein dramatisches Lebensereignis, handelte, sondern, weil sich aus heiterem Himmel die Nacht der Seele über ihn senkte.

Es war eine *endogene Depression*, also eine von innen stammende, durch eine zerebrale Dysfunktion ausgelöste Depression. Im Volksmund kennt man sie beispielsweise als „Winterdepression". Sie überfällt den Betroffenen ohne einen äußeren Anlass, verharrt einige Monate, verschwindet dann wieder, um ein oder zwei Jahre später wieder aufzutauchen. Der Kranke weiß nicht, was ihm geschieht. Wenn er keine Hilfe bekommt, erstarrt er in einer Art Totstellreflex. Der wiederholt depressive Dichter Rainer Maria Rilke charakterisierte diese Seeleneinöde mit den Worten: „Ausgesetzt auf den Bergen des Herzens. Steingrund unter den Händen."

Im Fall Bernhard war der Sachverhalt klar. Hier beruhigte die saubere Diagnose der endogenen Depression, so schwer sie auch war, die Gemüter. Sie ist eine rein organische Krankheit. Sie hat nichts mit Verrücktheit zu tun. Sie ist nicht dämonisch. Sie kann geheilt werden, und zwar mit Psychopharmaka.

Hildegard war bei einer gemeinsamen Sitzung zwar über die Krankheit erschrocken, aber doch entlastet. Jetzt wusste sie, woran sie war und warum Bernhard zum Zeitpunkt der Depression nicht ansprechbar war.

Bernhard begab sich in psychiatrische Behandlung, erhielt vorzügliche Medikamente und versprach, diese beim Wiederauftauchen der Depression sofort zu nehmen. Mit Hildegard wiederum arbeitete ich durch, wie sie sich bei dem Wiederauftauchen der Krankheit verhalten sollte und vor allem, wie sie dann für sich selbst gut sorgen könne.

Ein alter Psychologenspruch rät etwas zugespitzt: „Der Depressive braucht einen Therapeuten, der Partner zwei."

Einfühlung

Im Haus der Sprache gibt es viele Wohnungen: pompöse, karge, funktionelle, kuschelige, gepflegte und verwahrloste. Klar sprechen und gut zuhören ist Arbeit, Beziehungsarbeit.

„Man muss sich also selbst einen Reim darauf bilden, dass Gespräche in der Liebe fast eine größere Rolle spielen als alles andere", bemerkt der Dichter Robert Musil (in *Der Mann ohne Eigenschaften*), „sie ist das Gesprächigste aller Gefühle und besteht zum großen Teil ganz aus Gesprächigkeit."

Als Therapeut erlebe ich ständig, wie Paare aneinander vorbeisprechen oder in verbale Fallen stürzen. Ich spüre, wie seelisch vereinsamte Menschen für ihr Ich keine Worte mehr finden. Da kommen Joachim und Hannah zu mir. Sie sind voneinander gefrustet. Er will mehr Sex. Sie will Ermutigung und Wertschätzung. Er ist Informatiker in einer Weltfirma. Sie, gelernte Erzieherin, ist wegen der beiden Grundschulkinder zu Hause. Mittlerweile vierzig Jahre alt, wünscht sie, ihren beruflichen Traum zu verwirklichen, nämlich zur Ergotherapeutin umzuschulen.

In der Sitzung beharrt Joachim hartnäckig auf seinem Thema, der Sexualität. Kein Zweifel, er ist ausgehungert – Hannah ist eine abweisend und streng

Gegensätze ziehen sich an?

wirkende Frau, die ihre Erotik (noch) nicht entdeckt hat. Joachim: „Das ist eine Schweinerei, wie du mit mir umgehst. Ich bin es leid, um Sex zu betteln. Du versteckst dich ständig hinter der Hausarbeit, statt mit mir zu schlafen. Die Kinder sind immer wichtiger als ich. Auf die Idee, mich einmal zu verführen, kommst du ja überhaupt nicht. Du bist einfach frigide. Ich kriege langsam eine Gänsehaut von dir. Wenn ich nicht pariere und dir in allen Punkten gehorche, dann strafst du mich wochenlang mit Sexentzug. Du bist ja überhaupt keine richtige Frau."

In diesem Ton geht die Schimpfkanonade weiter. Joachim ist verzweifelt, weil erotisch ausgehungert. Doch er macht nur Vorwürfe. Er fragt Hannah nicht nach den Gründen ihres körperlichen und seelischen Rückzugs. Er verurteilt sie. Sein Sprechen schneidet wie ein Messer in ihre Seele.

Aber auch Hannah hat nur ein Thema – ihre Berufspläne. Ohne Punkt und Komma lässt sie sich in endloser Rede darüber aus. Hannah: „Ich komme immer zu kurz. Schon als Kind wurde ich als einziges Mädchen unter drei Brüdern ständig benachteiligt. Sie konnten spielen, ich musste beim Abwasch in der Küche helfen oder bügeln. Sie konnten Abitur machen und studieren, ich wurde in eine kaufmännische Lehre abgeschoben. Hätte ich da nicht gemeutert, wäre ich niemals Erzieherin geworden."

Hannah wütend: „Jetzt opfere ich mich seit acht Jahren schon für dich und die Kinder auf. Ich stehe immer im Schatten. Du willst nicht, dass ich die Ausbildung zu Ergotherapeutin mache, weil wir dann für die Kinder ein Au-pair-Mädchen anstellen müssten. Das Geld ist dir zu schade. Du bist ein Geizkragen. Mein Leben interessiert dich überhaupt nicht. Du liebst mich nicht."

So geht das weiter im larmoyanten Tonfall. Hannah klagt, beschuldigt und stellt Joachims Liebe in Frage. Massiver geht es nicht: Sie hat keinen Blick für seine Bedürfnisse, er nimmt ihre Sehnsucht nicht zur Kenntnis. Joachim wird in der symmetrischen Eskalation dieses Streitgespräches in meiner Praxis immer wütender, sie immer erbitterter.

Am Ende bricht Hannah, ganz Opferhaltung, in Schluchzen aus. Joachim verbarrikadiert sich hinter hilflosem Schweigen. Ich muss an den Reim des Dichters Friedrich Rückert (1788 – 1866) denken:

> *„Bei Unverträglichkeit*
> *gedeiht kein Feuer im Haus:*
> *Der eine bläst es an,*
> *Der andere bläst es aus."*

Der Gesprächsstau zwischen Hannah und Joachim löst sich in dem Augenblick auf, als ich die beiden bitte, ihre Stühle zu tauschen und jeweils von der Position des anderen aus dessen innere Situation zu artikulieren.

Plötzlich sagt Joachim in der Rolle der Hannah voller Empathie: „Ich fühle mich nicht anerkannt. Du lobst mich nicht. Nur deine Arbeit zählt und ist wichtig. Ich bin eine kluge Frau und möchte etwas aus meinem Leben machen. Ich habe Angst, im Haushalt zu verblöden. Ich bin auch neidisch auf meine beruflich erfolgreichen Brüder. In mir steckt so viel drin. Ich möchte es herausholen. Der Stillstand in meinem gegenwärtigen Leben macht mich traurig. Wenn ich alleine bin, weine ich oft."

Die zuhörende Hannah ist ergriffen: Sie fühlt sich verstanden. Joachim hat ihre Gestimmtheit einfühlsam und exakt wiedergegeben. In der Kommunikationstheorie sprechen wir hier von der *Kongruenz* einer Mitteilung.

Aber auch Hannah gibt in der Rolle Joachims ein psychologisches Meisterstück ab. Hannah alias Joachim sagt: „Ich rackere mich von morgens bis abends in der Firma ab. Ich habe eine tolle Karriere geschafft. Mit diesem Geld konnte ich auch unser Haus bauen. Die meisten Innenarbeiten habe ich selbst gemacht. Ich hatte drei Jahre keinen Urlaub und war fürchterlich angestrengt. Jetzt spare ich für unser Wohnmobil, damit wir alle vier tolle Urlaube machen können.

Ich bin doch kein Geizkragen. Wenn ich für etwas spare, dann an mir selbst. Bei so viel Einsatz möchte ich von dir auch mit Zärtlichkeit und Erotik belohnt werden. Deine Ausbildungspläne machen mir Angst. Ich fürchte nämlich, du hast dann noch weniger Zeit für mich. Du bist ja eine fabelhafte Mutter, aber auch eine Perfektionistin. Ich liebe dich doch."

Joachim und Hannah waren bewegt. Sie hatten die Sprache des Herzens gefunden. Die Regelung des ehelichen Liebeshaushaltes und der Berufspläne regelten Hannah und Joachim im Verlauf der Kurztherapie dann ebenso einfallsreich wie großzügig.

Erlösung?

Zwischen Sabine und Jakob hatte sich der Supergau, der denkbar größte Beziehungsunfall, ereignet: Bei einem ihrer zur Gewohnheit gewordenen Streitigkeit hatte Sabine in ihrer Wut den Küchentisch mitsamt dem Abendessen umgekippt, Jakob hatte sich daraufhin in depressiver Manier in sein Arbeitszimmer eingeschlossen.

Er verweigerte eine Aussprache. Sabine packte eine Reisetasche und verließ türenknallend die schicke Eigentumswohnung. Sie floh zu einer Freundin, stieg vierundzwanzig Stunden später mit einem Arbeitskollegen ins Bett und ließ Jakob zwei Wochen im Ungewissen schmoren.

Erst durch die Vermittlung der Freundin trafen sich die beiden zerstrittenen Partner wieder, Sabine zog zurück, der Friede war gestört, die Paartherapie angesagt.

Jakob und Sabine, beide Mittdreißiger, waren ein attraktives, erfolgreiches, kinderloses Paar. Ihr destruktiver Beziehungsmodus war ebenso simpel wie nervtötend: Sie nörgelte und wütete, er zog sich, ganz beleidigte Mimose, zurück. Jeder fühlte sich vom anderen nicht beachtet, zu wenig geliebt, ja gemobbt. Andererseits kamen sie voneinander nicht los. Ihr Liebeshunger schien mir unersättlich.

Zwei Äußerungen ließen mich aufhorchen. Sabine gestand: „Als Kind habe ich wenig Liebe bekommen. Meine Eltern waren seelisch karge Persönlichkeiten. Sie hätten nie fünf Kinder bekommen dürfen. Jetzt möchte ich von meinem Mann nichts als Liebe, Liebe und nochmal Liebe." Das klang nach der Stimme einer fast Verhungerten.

Jakob bekannte: „Ich hatte es auch nicht leicht. Ich bin ein Heimkind. Ab dem achten Lebensjahr bekam ich eine Art Gnadenbrot bei Pflegeeltern. Der Stiefvater war ein Sadist, der nur so zum Spaß seinen großen Schäferhund auf mich hetzte, wenn es ihm danach war. Der Hund warf mich einfach um. Mit achtzehn Jahren lernte ich in der Straßenbahn Sabine kennen. Es war alles phantastisch. Sabine war meine Prinzessin, meine Erlöserin."

Wir spüren schon, hier ist etwas viel von Liebe, Prinzessin und Erlösung die Rede. Solche Worte sind verräterisch. Sie enthüllen das geheime Motiv der Partnerwahl. Hier wollen zwei arme Seelen durch den himmlischen Traumpartner in die Gefilde der Seligen erhoben werden. Auf diesen Partner richten sich die Projektionen der einst ungestillten Bedürfnisse. Die Himmelsbotin, der Erzengel sollen sie im Rosenwasser der kosmischen Allliebe reinigen.

Das mag in den Wonnen der anfänglichen romantischen Liebe und verschmelzenden Entrückung nach Art einer berauschenden Droge kurzfristig gelingen, dem Realitätsdruck des Alltags und den „Mühen der Ebene" (Brecht) hält es nicht stand.

Der Psychotherapeut Wolfgang Schmidbauer analysiert das in seinem Buch *Mobbing in der Liebe* (2007) so: „Menschen, die sich scheinbar wie magisch anziehen, suchen häufig nach einer überoptimalen Partnerschaft, in der die Kränkungen, die sie in der Vergangenheit erlebt haben, wiedergutgemacht werden sollen. Am Anfang bestätigen sich beide auch in ihrem Glauben, sie könnten diesen sehr hohen Anspruch wirklich erfüllen."

Tatsächlich haben sie jedoch ihre kindlichen Demütigungen und Verletzungen nicht aufgearbeitet, sondern tragen diese in die aktuelle, erwachsene Beziehungsdynamik. Schmidbauer: „So werden Traumata aus der Vergangenheit wiederholt, anstatt sie aufzulösen."

Die Enttäuschung ist dann, wie bei Sabine und Jakob, grenzenlos. Sie entwickeln eine Mobbing-Beziehung. Jeder fühlt sich als das Opfer des anderen. Es ist ein Teufelskreis, bei dem jeder seine eigene (aktive oder passive) Aggression ausblendet. Jeder meint, lediglich auf den „bösen" Partner zu reagieren.

Da wird zu Lande, zu Wasser und in der Luft gekämpft: Sabine wütet, Jakob geht in den erpresserischen Rückzug. Sabine bestraft mit sexuellem Entzug, Jakob stellt Zärtlichkeiten ein. Jakob mauert, Sabine flüchtet zur Freundin und bestraft Jakob mit einem Seitensprung. Verzweifelt versuchen beide, ihr Selbstwertgefühl zu stabilisieren. Sie tun alles, um den Partner unter Druck zu setzen. Denn sie delegieren ja an ihn die geheime Botschaft, er möge ihr kindliches Liebesdefizit stillen. Das aber käme einem Unterfangen gleich, die Wüste mit einer Gießkanne bewässern zu wollen.

Warum klebten aber Sabine und Jakob so aneinander? Es hätte doch bei so viel Streitigkeiten nahegelegen, diese quälende Partnerschaft zu verlassen und anderswo das Glück zu suchen.

Der Grund war, wie die Paartherapie aufdeckte, dass die beiden es vorzogen, lieber in einer schlechten Beziehung als allein zu leben. Denn Einsamkeit und Verlassenheit hatten sie als Kinder schmerzlich genug erlebt. Angst ist ein Zweikomponentenkleber. Es wurde für das Schmerzenspaar zur erschütternden Reifeleistung zu erkennen, dass es für die Kränkungen ihrer Kindheit und Jugend keine Wiedergutmachung gab.

Reif sein bedeutet, einem psychologischen Diktum zufolge, aufzuhören, um eine bessere Vergangenheit zu kämpfen. Es war so. Es tut weh. Ein Neuanfang ist notwendig.

Die Beziehung zum Partner, das Geheimnis der Partnerwahl, ist kein Zufall, sondern hat etwas Schicksalhaftes. Jetzt aber standen Sabine und Jakob vor der Aufgabe, dem Wunsch nach der Liebeserlösung durch den anderen zu entsagen und stattdessen Anerkennung und Liebe in sich selbst zu finden.

Nicht nur die Beziehungsarbeit, sondern auch die Auseinandersetzung mit der eigenen Persönlichkeit stand nun für die Liebenden auf der Agenda. Sabine und Jakob verließen ihre Mobbing-Beziehung mit Hilfe der Seelenarbeit und häuslicher „Zwiegespräche" nach Lukas Michael Moeller.

Sie erkannten ihre wechselseitige Verstrickung und die Tragödien ihrer Kindheit. Sie offenbarten sich einander. Sie weinten vor Schmerz über das Vergangene und über das Glück ihrer neu gefundenen Liebe. Sie konnten sich nicht gegenseitig erlösen, aber sie wurden sich zu Entwicklungshelfern. Sie erkannten, dass sie bei der emotionalen Achterbahnfahrt ihrer destruktiven Beziehung Co-Piloten gewesen waren.

„Erst wenn ich ohne dich leben kann," sagt ein Psychologenwort, „kann ich mit dir leben". Jetzt wurden Sabine und Jakob erwachsen. Nun konnten sie sich auch zu einem Kind entschließen: weil aus Liebeshungrigen Liebessatte geworden waren.

Sie bestanden das aufregendste Liebesabenteuer, das der Dramatiker Friedrich Hebbel (1813 – 1863) in seinen Tagebüchern so beschreibt: „Liebe heißt, in dem anderen sich selbst erobern."

Erpressung

Dieser Tage las ich das Buch „Emotionale Erpressung. Wenn andere mit Gefühlen drohen" der bekannten amerikanischen Psychologin Susan Forward. Sie analysiert: „Die Erpresser, die unsere Seele unter dem Tarnmantel von Zuneigung und Sympathie unter Druck setzen, variieren ihre Methode je nach Typus und Charakter. Die Angst vor Verlust, Zurückweisung und Veränderung steuert allzu oft unsere Reaktion. Denn wer nachgibt, wird mit tröstlicher Intimität belohnt."

Das erinnerte mich an die Arbeit mit Claudia und Axel. Claudia praktizierte die „emotionale Erpressung" in mindestens sieben Facetten, Axel agierte als das Opfer. Beide gehörten in diesem Spiel zusammen. Sie kamen zu mir in die Sprechstunde, als der Kollaps der Beziehung eingetreten war: Die schwache und zerbrechlich wirkende Claudia (38) hatte eine Beziehung mit einem anderen Mann angefangen. Jetzt – endlich – war Axel, das Opfer, wütend und dachte an Trennung. Doch der Reihe nach.

Claudia agierte als geborene Erpresserin. Erpressung Nr. 1: Sie, die gelernte Kosmetikerin, erzwang den Einzug in seine Studentenwohnung mit Nörgeln und dramatischen Affekten. Wiederholt weinte sie vor seinen Freunden und klagte in seiner Anwesenheit: „Für ihn bin ich nicht so wichtig. Er liebt mich nicht." Axel, der auf sein Examen konzentriert und für eine so enge Gemeinsamkeit noch nicht bereit war, gab nach. Dabei war die Zweizimmerwohnung zu klein für beide.

Erpressung Nr. 2: „Heirate mich", forderte Claudia kurz darauf. Als er dazu noch nicht bereit war – Axel war 24 Jahre alt – mobilisierte Claudia die eigene Mutter und die Schwiegermutter, die denn auch prompt Axel bedrängten: „Du kannst dich doch nicht um eine verbindliche Beziehung drücken. Claudia ist so schutzbedürftig." Axel heiratete.

Erpressung Nr. 3: „Ich will ein Kind", forderte Claudia. Das wäre ja durchaus vertretbar und bedenkenswert gewesen. Aber Claudia erpresste ihren Axel: Wenn eine gemeinsame Freundin oder ein Studienkollege eingeladen war, pflegte Claudia mit tränenerstickter Stimme zu seufzen: „Ein Mann muss einer Frau ein Kind machen, sonst liebt er sie nicht." Axel machte ihr ein Kind.

Nun kam Erpressung Nr. 4. Claudia wollte aus dem Beruf heraus. Es strenge sie zu sehr an, meinte sie. Dabei arbeitete sie nur halbtags und nahm die Zeit des Mutterschutzes in Anspruch. „Ein Mann muss eine Frau ernähren können", meinte Claudia. Sie beschimpfte ihn als „herzlosen Egoisten". Dabei galt es für beide, die Hypotheken des inzwischen gekauften Hauses zu zahlen. Immerhin hatte sie Axel in der Hausfrage keine Ruhe gelassen: „Ein ordentlicher Mann baut ein Haus für Frau und Kind."

Das war die Erpressung Nr. 5. Claudia kam mir vor wie die Frau in dem Märchen *Der Fischer und seine Frau*, die nie den Rachen voll bekommt. Sie avanciert von der „Pissbude" bis zum Papstpalast und findet doch keinen Frieden: „Meine Frau, die Ilsebill, will nicht so, wie ich wohl will."

Erpressung Nr. 6 war Claudias unbewusste Manipulation durch Krankheiten. Bald hatte sie Unterleibschmerzen, Migräne und „Rückenverspannungen", bald „Darmschwierigkeiten" oder einen angeblichen Weichteilrheumatismus. So erreichte sie es, dass man ihr die Halbtagsstelle auf einer „Schönheitsfarm" kündigte und sie nicht mehr arbeiten musste. Die Finanzen wurden knapp.

Erpressung Nr. 7 bildete den Höhepunkt. Claudia rächte sich, teils bewusst, teils unbewusst, an Axel, weil dieser sich ein Stück von ihr emanzipiert, den Segelflugschein erworben und eine neue, ihn begeisternde Welt entdeckt hatte. Das passte ihr nicht. Also ging sie eine Außenbeziehung zu einem früheren Arbeitskollegen ein. Sie wusste, dass der brave Axel eine Knochenangst hatte, sie an den anderen Mann zu verlieren. Umgekehrt und vorbeugend drohte sie Axel aber auch: „Wenn du mich verlässt, dann siehst du dein Kind nie wieder."

Claudia und Axel waren in dem Erpresser-Opfer-Schema wie eingefroren. Susan Forward findet für diese Beziehungsstagnation ein plastisches Bild: „Als ich ein Kind war, da habe ich mit meinen Freunden ein Spiel gespielt, das Brennball heißt. Wer vom Ball getroffen wurde, der war gebannt, er musste in der Position stehen bleiben, die er im Augenblick der Berührung eingenommen hatte und durfte sich nicht mehr bewegen, bis das Spiel vorbei war. Eine Wiese, auf der dies Spiel stattfand, sah aus wie ein Skulpturengarten, übersät mit Kindern, welche die merkwürdigsten und witzigsten Haltungen einnahmen. Emotionale Erpressung erinnert stark an Brennball, doch es handelt sich dabei nicht um ein Spiel. Sobald Erpressung sich in einer Beziehung breitmacht, erstarrt diese und bleibt in Mustern aus Forderungen und Kapitulation stecken."

Wie gerieten Claudia und Axel in dieses Erpresser-Opfer-Schema? Immerhin gehören zu diesem erniedrigenden Spiel zwei Akteure.

Claudia hatte früh gelernt, die Rolle der Schwachen, Zerbrechlichen gegenüber ihren Eltern und den Geschwistern zu spielen und mit Krankheiten ihre Wünsche durchzusetzen. Dieses manipulative

Verhalten war ihr als Erwachsener zur zweiten Natur geworden.

Axel war ein klassischer Muttersohn und Einzelkind, den Manipulationen seiner leidensseligen, jammernden Mutter hilflos preisgegeben. Schon bei kleinsten Vergehen des Filius klagte sie herzzerreißend: „Wie kannst du mir das antun, wo ich so ein schwaches Herz habe!" Prompt entwickelte sich der gutmütige und konfliktscheue Axel zum Duckmäuser und Helfer. Vor nichts hatte er mehr Angst, als seine Mutter zu verlieren. Drohte sie ihm doch wiederholt: „Wenn du nicht lieb bist, sterbe ich."

Nicht anders verhielt sich Claudia: „Wenn du mir nicht nachgibst, liebst du mich nicht. Du bist für mein Unglück verantwortlich." So etwa lauteten die Schuldzuweisungen in den 7 Todsünden ihrer Erpressung.

Dem Paar gelang es schließlich, die Fronten zu klären. Axel erkannte, dass seine Weichheit und Rückgratlosigkeit das System der Erpressung gefördert, wenn nicht sogar provoziert hatten. Er lernte, sich gegen Claudia abzugrenzen. Ich gab ihm den berühmten Satz des attischen Tragikers Sophokles (495 – 405) aus seinem Altersdrama *Philoktet* mit: „Hab' ich das Recht zur Seite, schreckt mich dein Drohen nicht."

Claudia blühte an der Seite ihres erstarkenden

Mannes – entgegen ihren eigenen Vorbehalten – auf. Auch für sie entpuppte es sich als verblüffende Erleichterung, auf ihren Psychoterror zu verzichten und sich nicht mehr als Opfer inszenieren zu müssen.

Fühlen und reden

"Für Sentimentalitäten hab ich keine Zeit." Klaus war empört. Fast hätte er die Therapie geschmissen. Ich hatte ihn in der ersten Sitzung ein „emotionales Sparschwein" genannt. Er sei, so wagte ich zu sagen, gefühlskarg gegen andere und gegen sich selbst. Ob sein Herzinfarkt nicht darüber hinaus ein Seeleninfarkt gewesen sei, eine Art psychosomatische Retourkutsche?

Was war geschehen? Klaus, ein tüchtiger Bauingenieur, verheiratet, zwei Kinder, brach mit fünfundvierzig Jahren beim Richtfest eines Neubaus plötzlich zusammen. Ein Krankenwagen brachte ihn unverzüglich ins städtische Krankenhaus. Die Ärzte diagnostizierten Herzinfarkt. Aber nicht nur das. Der Patient habe, so stand es später im medizinischen Bericht, seit Jahren Bluthochdruck, sei übergewichtig und Kettenraucher. Er „neige zu Alkoholabusus", wie es so vornehm hieß, das heißt, Klaus trank. Als selbstständiger Bauunternehmer sei er angesichts der hartnäckigen wirtschaftlichen Rezession unter ständigem Stress gestanden, „eheliche Unstimmigkeiten" hätten die Krisenlage verschärft.

Tatsächlich unterhielt Klaus in seiner knapp bemessenen Freizeit noch eine Beziehung mit einer anderen Frau. Klaus war nüchtern und sachlich wie ein

Zollstock. Als er zu mir kam, zeigte er keine echte Therapiebereitschaft. Die Therapie stellte vielmehr für ihn nur das kleinere Übel dar.

Der Chefarzt, der „Professor", ein Halbgott in Weiß, vor dem Klaus schweren Respekt hatte, hatte ihm eigentlich den mehrwöchigen Aufenthalt in einer psychosomatischen Klinik ans kranke Herz gelegt. Das wollte Klaus auf keinen Fall. Ihm schwante Übles. In der Gruppentherapie, so befürchtete er, müsse er eine Seeleninventur seines Lebens vornehmen. Gefühle aber, so betonte Klaus mir gegenüber, „fallen nicht in mein Ressort." Und: „Für Sentimentalitäten hab ich keine Zeit."

Nur nicht abhängig sein. Im Fall Klaus konnte ich das Männersyndrom Gefühlsarmut am lebenden Objekt studieren. Der schizoide Mann hasst jegliche Abhängigkeit. Sie erscheint ihm weiblich. Klaus erlaubte sich weder beruflich noch privat irgendeine Form der Abhängigkeit. Was ein echter Mann ist wie Klaus, der negiert nicht nur die Gefühle der Abhängigkeit, sondern weigert sich auch, um Hilfe zu bitten, seine Angst zu zeigen und sein Innerstes zu öffnen.

Klaus glaubte vielmehr, mit den Drogen Arbeitssucht, Alkohol, Nikotin und Sexsucht seelisch zu überwintern. Denn auch mit der Freundin wagte er keine emotionale Tiefe, sondern praktizierte Sex pur. Als die Geliebte das erkannte und ihn nach drei Jahren rausschmiss, beschleunigte das seinen Herzinfarkt. Dieser war natürlich durch seine Fehlernährung, die daraus resultierende Adipositas, den Alkohol- und Nikotinmissbrauch ursächlich veranlasst. Klaus ging mit sich selbst über Jahre hinweg physisch und psychisch barbarisch um, frei nach dem Aphorismus des polnischen Dichters Stanislaw Jerzy Lec: „Die meisten Menschen sind Mörder. Sie töten einen Menschen. In sich selbst."

Als ich Klaus fragte: „Wann hast du zum letzten Mal geweint?", antwortete er nach langem Nachdenken zögernd: „Als Kind."

Trotz schweren inneren Widerstandes ließ sich Klaus auf die Einzeltherapie bei mir ein. Ich mochte ihn, weil er in der Tiefe seines Herzens ein einsamer und tapferer Junge war. Er fasste Vertrauen zu mir. Er genoss mich vorübergehend als den „guten Vater", den er nie gehabt hatte. Sein Vater war ein gefühlskalter, leistungsbesessener Antreiber gewesen, der Klaus beim geringsten Vergehen schlug.

Jetzt lernte Klaus, die Nähe zu mir, einem Mann, auszuhalten, ja zu genießen. Er lernte die Umarmung zwischen Männern. Er begann über das Leiden und die Einsamkeit des kleinen Klaus zu weinen, ohne sich vor mir zu schämen. Ein feministisches Sprichwort lautet sarkastisch: „Manche Männer werden erst im Krematorium warm." Ist es so ganz unwahr? Als Klaus nach Beendigung seiner Einzeltherapie mit Gabriele in die Paartherapie zu mir kam, wurde ihm seine kommunikative Gefühlsarmut richtig deutlich.

Gabriele sagte ihm: „Du bist meistens unseren Konflikten ausgewichen. Du hast geschwiegen. Du hast alles in dich hineingefressen, den Stress im Beruf, den Stress mit mir, den Stress mit den Kindern. Das meine ich wörtlich. Als ich dich kennenlernte, wogst du achtzig Kilo, jetzt bringst du einhundertzehn Kilo auf die Waage. Wenn du geredet hast, hast du einen Schwall von Worten losgelassen, ohne innere gefühlsmäßige Beteiligung. Du hast doziert. Du hast mir und den Kindern nie richtig zugehört. Noch schlimmer: Du hast seit Jahren keine Fragen mehr gestellt. Du hast selbst dann keine Fragen gestellt, als ich mich dir sexuell verweigerte, weil ich deine Lieblosigkeit nicht mehr ertrug."

Gabriele meinte fassungslos: „Als ich dich fragte, ob du eine Freundin hättest, bist du einfach nur renitent geworden und hast alles abgestritten. Dabei habe ich dich nicht inquisitorisch gefragt, sondern ich wollte Klarheit. Über deine Trauer, über die Sinnlosigkeit deines täglichen Stresses sprachst du nicht. Du hast alles verdrängt. Sei mir nicht böse, aber manchmal bin ich froh über deinen Infarkt. Er hat dich endlich zum Sprechen und hierher in die Paartherapie gebracht. Aber musste es wirklich so weit kommen?"

Reden schafft Frieden. Schweigen ist die grausamste Lüge der Männer. Daran zerbrechen viele Ehen. Die Mehrheit der Paarkonflikte beruht nicht auf prinzipieller Unverträglichkeit der Partner, sondern auf dem Verlust des tiefen Gespräches zwischen ihnen. Statt miteinander zu sprechen, stülpen sie sich gegenseitig ihre Projektionen über: „Du liebst mich nicht. Du bist so gleichgültig. Du bist so egoistisch."

„Wer miteinander spricht", so bekannte Willy Brandt einmal gegenüber den Kritikern seiner Friedensgespräche mit dem Osten, „der schießt nicht aufeinander." Weil die Männer so hartnäckig schweigen, reden – im Gegenzug – viele Frauen umso mehr und nervender.

Geheimnisse

Darf ein Paar Geheimnisse voreinander haben? Franziska, 48, war bildlich gesprochen, weiß vor Wut und grau vor Trauer in meiner Praxis.

Sie schrie Stefan, 51, an: „Seit über einem Jahr habe ich dich gefragt, was mit dir los ist. Du warst verschlossen, für mich unerreichbar. Nachdem du mich jahrelang sexuell bedrängt hast, trat bei dir Funkstille, absolutes erotisches Desinteresse ein. Ständig verschwandest du zur Arbeit und Terminen und murmeltest etwas von Stress und Überarbeitung. ‚Ich weiß selbst nicht, was mit mir los ist', meintest du auf mein hartnäckiges Nachfragen. Ich sah dich in einer schlimmen Krise. Ich habe dir eine Therapie empfohlen und eine Kur zum Wiederauftanken deiner Kräfte, du hast alles abgelehnt. Ich vermutete eine Depression. Ich legte dir den Besuch bei einem Psychiater ans Herz. Das lehntest du ab."

Franziska bitter: „Ich war verzweifelt. Ich hatte Angst um dich. Dann entdecke ich vor vier Wochen die gesamte E-Mail-Korrespondenz mit deiner Geliebten. Es fiel mir wie Schuppen von den Augen: Du warst alles andere als depressiv. Du bist im Bett dieser Frau herumgesprungen, hast dich vergnügt und mich mit meiner Fürsorge auflaufen lassen! Ich könnte dich umbringen!" Mit diesem ehelichen Aufschrei brach Franziska ihre Anklagerede ab und verfiel in Schluchzen.

Stefan war erschüttert. Aber er suchte nach einem argumentativen Ausweg. „Ich wollte dir die Wahrheit nicht zumuten", meinte er schwach, „sie hätte dich wie eine Keule getroffen. Du bist doch so sensibel." Hatte Stefan mit der Wahrung seines Geheimnisses Recht? Ich meine: Nein. Es gibt gutartige und bösartige Geheimnisse in der Beziehung, ebenso wie man in der Onkologie von einem benignen (gutartigen) oder malignen (bösartigen) Krebs spricht.

Was ist das Kriterium dafür? Es ist die Frage, ob der Geheimnisträger etwas verbirgt, was unwesentlich oder schädlich für die gegenwärtige Paarbeziehung ist. Hier lag der maligne Charakter des Geheimnisses der Außenbeziehung offen auf der Hand: Weil Stefan sie hartnäckig verbarg, anstatt die Wahrheit zu sagen, verbarg er sich selbst mit seinen erotischen und emotionalen Sehnsüchten vor Franziska. Deshalb stagnierte die Ehe. Es konnte kein Hochdruck im Beziehungskessel entstehen. Er hatte innerlich resigniert und holte sich die eheliche Mangelware draußen bei einer Eva.

Diese „Eva" fungierte sozusagen als Blitzableiter der potenziellen ehelichen Streit- und Klärungsenergien. Die Nähe zwischen Stefan und Franziska verschwand, die Distanz wurde größer. Das Schweigen schuf einen Graben.

Das Problem zulässiger und unzulässiger Geheimnisse in der Beziehung differenzierte sich bei diesem Paar noch weiter. Franziska war, wie die Paartherapie bestätigte, krankhaft eifersüchtig auf Stefans Freundinnen vor der Ehe. Sie bedrängte ihn unaufhörlich, ihr jedes Detail, jede erotische Praktik und sexuelle Besonderheiten seiner Ex-Geliebten zu verraten. Dagegen wehrte sich Stefan. Ich meine, hier war er im Recht. Das hat etwas mit der Würde seiner Person und dem Recht zu tun, intime Episoden der früheren Biographie für sich zu behalten und die Exfreundinnen zu schützen.

Franziska verlangte dagegen „totale Offenheit". Sie wollte Stefan bis über die Schmerzgrenze hinaus lückenlos kontrollieren. Indem er dazu nein sagte, wahrte er eine für die Beziehung notwendige Distanz. Denn jede Beziehung existiert auf der Polarität von Nähe und Distanz, Wesentlichem und Unwesentlichem.

Während er im Fall seiner Affäre mit „Eva" die Nähe zu Franziska opferte und damit die mögliche gemeinsame Paarevolution torpedierte, bewahrte er, was seine erotische Frühgeschichte anging, eine heilsame Distanz gegenüber der kontrollwütigen Franziska. Keiner von uns ist ein gläserner Mensch.

Ich empfand Franziska als eine ich-schwache Frau, von einem geheimen (!) Minderwertigkeitskomplex ge- und bedrückt. Das wäre eines der Themen in der von ihr früher vergeblich von Stefan angebotenen Paartherapie gewesen. Nun offenbarte sich dieses verborgene Drama in der Krisentherapie. Es entpuppte sich als ein malignes Geheimnis von hoher metastasierender Bösartigkeit.

Mich verwunderte nämlich, warum das verheiratete, mit zwei Kindern gesegnete Paar seit zwei Jahrzehnten unter einer schlechten Sexualität litt. Franziska saß von Anfang an im Bremserhäuschen. Mich wunderte das umso mehr, als sie Stefan abgöttisch liebte, von Verlassenheitsängsten bedrängt war und ihm sonst jeden Wunsch erfüllte.

Stefan klagte: „Ich habe deine häufigen sexuellen Abweisungen, deine Passivität im Bett und deine Unfähigkeit zum Orgasmus (Anorgasmie – M. J.) nicht länger ausgehalten." Es war im ehelichen Schlafzimmer eine einzige Quälerei gewesen.

Erst in der Mitte der Therapie eröffnete Franziska ihr Geheimnis, das sie über all die Jahre allein mit ihrer besten Freundin geteilt hatte: Franziska war zwischen dem 11. und 14. Lebensjahr 37 Mal von ihrem älteren Bruder sexuell missbraucht worden. Jeden Missbrauch hatte sie mit einem schwarzen Kreuz in ihrem Tagebuch vermerkt.

Dass sie dieses Geheimnis dem liebsten Menschen in ihrem Leben, Stefan, verschwieg, war menschlich nachzuvollziehen. Es hatte mit Scham und Angst zu tun („Er hält mich für beschmutzt"), aber es war falsch. Stefan konnte die Ursache ihrer sexuellen Abwehr nicht verstehen. Er fühlte sich oftmals schuldig in seinem sexuellen Begehren („Die Männer wollen doch immer nur das Eine") und schwankte seelisch zwischen Zorn und Resignation.

Franziska schuf durch ihr Schweigen die Distanz zwischen sich und Stefan und verdarb sich gleichzeitig die Chance zu einer Missbrauchstherapie bei einer guten Therapeutin (zu der sie jetzt endlich ging). Ich gab Franziska das hilfreiche Handbuch für missbrauchte Frauen von Laura Davis *Trotz allem*, Stefan das Buch der gleichen Autorin für die betroffenen Partner *Verbündete* (Orlanda Frauenverlag) für den Weg der Heilung.

Darf es in einer Beziehung Geheimnisse geben? Wir sahen: ja und nein. Es kommt auf die Wertigkeit des Verborgenen an. Aus dem bösartigen Geheimnis kann ein gutartiges werden, wenn es denn endlich, wie im Fall von Stefans Außenbeziehung und Franziskas Missbrauch, ans Tageslicht entbunden wird.

In ihrem Buch *Stunden von Gold – Stunden von Blei* sagt die amerikanische Schriftstellerin und berühmte Pilotenfrau Anne Morrow Lindbergh: „Das Härteste und Schwerste im Leben ist, besonders im Schmerz, der Wahrheit ins Auge zu sehen."

Gehen oder bleiben?

"Manche Ehe", sagt der englische Dramatiker Harold Pinter, "ist Verurteilung zu lebenslanger Doppelhaft, verschärft durch gelegentliches weiches Lager."

Daran musste ich denken, als Christa und Thomas in den Korbstühlen meiner Praxis saßen. Die Lehrerin und der selbständige Baugutachter, beide 48 Jahre alt und Eltern zweier erwachsener Töchter, hatten sich nicht mehr viel zu sagen.

Christa brachte die Kardinalfrage „Ende oder Neuanfang der Beziehung" auf den Begriff. „Reicht", so fragte sie, „unser Vorrat an Gemeinsamkeiten noch?" Das ist die Frage vieler Paare jenseits der Lebensmitte.

Was war passiert? Über zwanzig Jahre lang hatten die Gemeinsamkeiten diese Ehe getragen. Christa und Thomas waren ein gutes Team. Mit knappen Mitteln und Eigenleistungen errichteten sie ein behagliches Haus mit einem Traum von Garten. Die Hypotheken belasteten das Familienbudget.

Auf das Paar kamen Probleme zu, die sie nur gemeinsam leisten konnten. Die verwitwete Mutter von Thomas, die sich durch eine Einliegerwohnung im Haus an der Finanzierung beteiligt hatte, erkrankte an Diabetes, dann wurde sie dement.

Christa reduzierte ihre Stundenzahl an der Schule, um die Schwiegermutter zu pflegen; auch der Freiberufler Thomas beteiligte sich an der Betreuung der bald bettlägerigen und inkontinenten Mutter. Die Töchter waren ein großes Glück. Doch die Jüngere war Legasthenikerin und in ihrer Feinmotorik behindert. Der jahrelange „Taxidienst" zur Logotherapeutin und zum Ergotherapeuten verschlang viel Zeit.

Überdies erlitt Thomas einen – fremdverschuldeten – Autounfall, der über einen längeren Zeitraum Kopf- und Rückenschmerzen und somit eine reduzierte Arbeitsfähigkeit zur Folge hatte. In der Anspannung dieser Jahre begannen Zärtlichkeit und Sexualität des Paares zu schwächeln. Christa und Thomas erlebten die Enttäuschungen und Leiden in der Liebe. „Leiden sind Lehren", sagt das Sprichwort. Aber stimmte das im Fall dieses aufopferungsvollen und unermüdlich rackernden Paares?

Gleichsam über Nacht wurde das Haus leer. Thomas erinnert sich: „Als Erstes starb meine Mutter. Wir haben sie in ihrer sonnigen Art geliebt bis zu ihrem letzten Atemzug. Sie hinterließ eine Leere in uns. Dann verließen im Jahresabstand die Töchter das Haus, die eine, um zu studieren, die andere, um in einem zahntechnischen Labor zu arbeiten. Beide haben inzwischen Lebenspartner, wohnen weit weg

und sind noch kinderlos. Auf Enkel hätte ich mich schon gefreut."

Jetzt war das Paar, wie in der Zeit der jungen Liebe, mit sich allein. Das hätte so schön sein können, aber sie langweilten sich miteinander. Es ging ihnen der Gesprächsstoff aus. Ihre Interessen lagen auseinander. Christa befand sich in einer Zusatzausbildung zur Entspannungspädagogin. Sie las viel, war an Psychologie, vitalstoffreicher Vollwerternährung interessiert und eroberte sich mit ihrer Querflöte die Welt der Musik. Im Sinne Fritz Riemanns ein tief anhänglicher, eher klammernder und depressiv getönter Charakter, hatte sie Riesenerwartungen an den Partner und träumte gleichsam von Tristan und Isoldes Liebesverschmelzung.

Thomas dagegen war nüchtern, verlässlich und introvertiert. Sein Interesse galt technischen Zusammenhängen, dem (Amateur-)Radrennsport und der Sammlung von hunderten kleinen Modellautotypen aller Jahrgänge. Im Winter galt seine stumme Leidenschaft dem Hallenhandball, dem er sogar am Sonntag frönte.

Die Entfremdung wuchs: Keiner fühlte sich vom anderen in seinen Interessen und Fähigkeiten wahrgenommen. Sie lebten als zwei Einzeller nebeneinander.

Der Philosoph und scharfsinnige Psychologe

Nietzsche (1844 – 1900) hat vor dieser kommunikativen Versteppung der Beziehung gewarnt, wenn er (in *Menschliches, Allzumenschliches*) einen jungen Mann – es hätte auch eine Frau sein können – warnte: „Man soll sich beim Eingehen einer Ehe die Frage vorlegen: Glaubst du, dich mit dieser Frau bis ins Alter hinein gut zu unterhalten? Alles andere in der Ehe ist transitorisch (vorübergehend – M. J.), aber die meiste Zeit des Verkehrs gehört dem Gespräch an."

Thomas und Christa befanden sich an der klassischen Sollbruchstelle der Beziehung in der Lebensmitte. Die gemeinsamen Aufgaben sind konsumiert. Die Leidenschaft ist erloschen. Die Materialermüdung wird sichtbar. Zu diesem Zeitpunkt ist es legitim, darüber nachzudenken, ob ein Neuanfang der Beziehung noch möglich ist oder ob eine Trennung beiden wieder Luft gibt.

Der Psychotherapeut und Arzt Jürg Willi spricht das in seinem Klassiker *Was hält Paare zusammen?* (1991) klar aus: „Wenn die Fortsetzung des Zusammenlebens nicht mehr vereinbar scheint mit der Erhaltung von Selbstachtung, wenn man den Eindruck hat, in dieser Partnerschaft nicht mehr atmen zu können und als Person abzusterben oder zerstört zu werden, dann kann die Auflösung der Beziehung ein Akt des Überlebens sein."

Der erfahrene Schweizer Paartherapeut mahnt aber auch zur realistischen Betrachtung der Möglichkeiten und Grenzen jeder Beziehung: „Auch über glücklichen Partnerschaften lastet eine gewissen Tragik. Bei jedem Partner bleiben wichtige Persönlichkeitsbereiche unbeantwortet und können sich in der Beziehung nicht entfalten. Man denkt dann etwa, wenn dieser oder jene einen anderen Partner hätte, hätte er oder sie sich ganz anders entwickeln können. Man spürt in jeder Lebensgemeinschaft zwischen den Partnern ein gewisses Sich-fremd-Bleiben und Aufeinander-nicht-ansprechen-Können."

Jede Langzeitbeziehung, ob heterosexuell oder homosexuell, ist eine Kompromissbildung. Sie verlangt eine „Mediatisierung", also die Vermittlung von Unterschiedlichkeiten. Partnerschaft ist Wahl und damit *Auswahl*. Ich entscheide mich für *eine* mögliche Form gemeinschaftlichen Lebens und persönlicher Entfaltung und scheide damit andere mögliche Lebens- und Entwicklungsoptionen aus. Ich kann, um es simpel zu formulieren, dem anderen nicht alles bieten. Der andere kann ebenfalls nur gewisse Segmente meiner Persönlichkeit annehmen und beantworten.

Wenn ich, wie Thomas, unmusikalisch bin, dann muss meine Querflötenfrau damit leben. Wenn sie meine Autobegeisterung und meinen Sportenthusiasmus nicht schätzt, muss ich damit leben und mir Freunde für diese meine Hobbys suchen.

Das ist die eine Seite. Die andere Seite besteht, wie gesagt, darin, sich um eine Vermittlung der Gegensätze zu bemühen. Christa und Thomas entschieden sich für diesen Weg. Sie gingen nicht auseinander. Christa überwand ihre Sportaversion und veranstaltete eine fantastische Party für die Handballfreunde von Thomas. Sie fand sichtbar Wohlgefallen an den muskulösen und fröhlichen Kumpels ihres Mannes. Dass sie ihn auf seinen Exkursionen zu Automuseen wie Daimler und Porsche begleitete, brach ihr auch keinen Zacken aus der Krone.

Umgekehrt begann er den einen oder anderen psychologischen Ratgeber mit ihr zusammen zu lesen. Auch lernte er, sparsam, aber doch regelmäßig, klassische Konzerte mit ihr zu besuchen. Beide ließen sich von mir für das monatliche Zwiegespräch nach Lukas Michael Moeller begeistern. Sie steckten jetzt – statt wie früher in Haus, Mutter und Kinder – Arbeit und Kraft in die Beziehung. Denn die Liebe ist, wie der Dramatiker Bert Brecht so schön sagt, „eine Produktion".

Das alles konnte natürlich nicht die Differenzen zwischen ihnen ungeschehen machen. So manche Löcher der gegenseitigen Sehnsucht blieben auch weiterhin ungestopft. Thomas musste aufwachen, Christa ihr Tristan-und-Isolde-Syndrom der totalen Zweisamkeit aufgeben.

Beziehungsrealismus bedeutet, um die Entfaltung der Liebe zu kämpfen, aber zugleich die Messlatte der Wünsche nicht in unerreichbarer Höhe zu fixieren.

Jürg Willi sagt es erschütternd existenziell: „Ich glaube, bei jedem Paar ist spürbar, was die beiden Partner in ihre Beziehung investiert haben, wie viel Hoffnung und Sehnsucht, wie viel echtes Miteinander-Ringen, aber auch wie viel Aneinander-Leiden. Das Wort *Passion* bedeutet Leidenschaft und Leiden. Leiden ist eine unverzichtbare Seite des Lebens. Die Liebe lebt nur voll, wer auch die damit verbundenen Schmerzen voll zu leben bereit ist."

Hilflosigkeit

Britta (47) jammerte: "Ich bin arbeitslos. Im Kindergarten wurde ich von den Kolleginnen gemobbt. Ich habe einen Hörsturz erlitten. Ich bin seelisch auf dem Nullpunkt." Britta gab das Bild der kompletten Hilflosigkeit ab.

Hungern musste Britta nicht, denn ihr Mann Gerd, 52, verdiente genügend als selbstständiger Masseur. Kinder hatte das Paar keine. In der Ehe der beiden kriselte es allerdings. Gerd war das Jammern seiner Frau, das nun schon zwei Jahre währte, leid. Er flüchtete sich in den Sport und in Vereinsaktivitäten. Zwischen ihm und einer Vereinskameradin knisterte es vernehmlich. Das machte Britta erst recht depressiv. Zärtlichkeit und Sexualität waren zwischen Britta und Gerd erloschen. Britta fühlte sich sinnlos, wertlos und ohne Zukunftsperspektive. „Ich habe", klagte sie mit düsterer Mine und etwas proletenhaft, „die Arschkarte gezogen".

Meine Ermutigungen und Vorschläge stießen auf ein enervierendes „Ja, aber". Natürlich empfahl ich Britta eine berufliche Alternative, sich ehrenamtlich zu engagieren, etwas Neues zu lernen oder ein seelenfüllendes Hobby zu entdecken. „Das kann ich nicht", war bei jedem Vorschlag ihre stereotype Antwort.

In der Psychotherapie empfehlen wir in einem solchen Fall, die Formulierung „Ich kann nicht" durch die Wendung „Ich will nicht" zu ersetzen. Dann hat der Klient nämlich wieder Lufthoheit über sich: Er muss sich mit seinem inneren Widerstand auseinandersetzen, anstatt die Schicksalhaftigkeit seiner Situation, die Festgelegtheit seines Charakters oder gar das „schlechte Karma" zu beklagen. Doch was war Brittas Problematik?

Britta litt an einem Syndrom, das die Psychoanalyse die „Erlernte Hilflosigkeit" nennt. Das ist der mangelnde Glaube an die eigene Effizienz und Intelligenz. Es ist die Kapitulation des Willens. Das Gegenteil von Erlernter Hilflosigkeit ist das „Bewältigungsverhalten".

Die amerikanische Sozialwissenschaftlerin Nicky Marone beschreibt in ihrem klugen Ratgeber *Erlernte Hilflosigkeit überwinden* (Erstauflage 1994): „Der Preis der Hilflosigkeit reicht von kleinen Unannehmlichkeiten bis dahin, dass man die wichtigsten Chancen im Leben verpasst ... Bewältigungsverhalten ist ebenfalls weit gespannt, angefangen damit, dass eine Frau lernt, wie sie ihren Videorekorder benutzt, über die Fähigkeit, einen Sackgassenberuf aufzugeben, bis dahin, den miesen Kerl rauszuwerfen, der sie geschlagen hat." Erworben ist diese Hilflosigkeit, weil frau nicht mit ihr geboren ist, sondern sie abgeschaut hat oder ihr Bewältigungsverhalten nicht zugetraut wurde. Brittas Mutter, trotz eines einzigen Kindes ein Leben lang nur Hausfrau, war eine sich hilflos gerierende Frau. Sie verschanzte sich im Haushalt, hatte sich, mit neunzehn Jahren verheiratet, keine Ausbildung zugetraut und die Last des „feindlichen Lebens" (Schiller) den Mann tragen lassen. Genauso hatte sie auch ihre Tochter Britta in einen wattigen Kokon der Schonung gehüllt.

Eigentlich wollte Britta das Abitur machen und Kinderärztin werden. Statt dessen brach sie, als sich Schulschwierigkeiten in den naturwissenschaftlichen Fächern zeigten, das Gymnasium zwei Jahre vor dem Abitur ab und ging auf eine Hauswirtschaftsschule. „Britta", so befand die Mutter, „ist konstitutionell zu zart für Abitur und Studium". Britta wurde Kindererzieherin, kränkelte häufig. Sie scheute sich auch davor, sich zur Leiterin eines Kindergartens zu qualifizieren.

„Britta", so deklarierte die Mutter wiederum, „braucht einen robusten Mann, der sie durchs Leben trägt". Der fand sich dann auch in der Gestalt des tüchtigen Gerd. Nach einer Fehlgeburt traute sich Britta auch keine Kinder mehr zu und ließ sich sterilisieren.

Gerd übernahm stellvertretend den Lebenskampf für Britta: eine klassische *Kollusion (Jürg Willi)*. Sie ist, wie ich es in meinem Buch *Das Geheimnis der Partnerwahl* beschreibe, beispielsweise das neurotische Zusammenspiel zwischen einem Helfer und einer Hilflosen, einem Lebenstüchtigen und einer (erlernten) Hilflosen.

Was tun? Wir haben in der Therapie das Syndrom der Erlernten Hilflosigkeit durchgearbeitet. Besonders beeindruckt zeigte sich Britta von einem Passus in Nicky Marones Buch, der da lautet: „Aufgrund eines komplizierten Zusammenspiels von Biologie und Kultur glauben Frauen weiterhin an ihr ‚Recht', aus riskanten oder gefährlichen Lebensumständen wieder gerettet zu werden ... Eine physische Einschüchterung oder einen körperlichen Angriff abzuwehren, sich mit defekten Maschinen herumzuschlagen oder sich aus einer Schneewehe zu befreien, aufs Dach zu klettern, um den Sturmschaden zu begutachten, oder auf eine alte Eiche, um dort abgestorbene Zweige abzusägen, aufzustehen, um nachzusehen, was das Geräusch mitten in der Nacht verursacht hat – das sind alles Dinge, die gewöhnlich Männer für uns tun werden. Zum größten Teil sind wir froh darüber."

Britta begriff den entscheidenden verhaltenstherapeutischen Grundsatz: Nur indem man das Neue wagt, verliert man die alte Angst. Der Mensch hat letztlich, was immer auch Gehirnforscher behaupten mögen, eine gewisse Willensfreiheit. Er verfügt, wie der Psychiater Erwin Ringel es formulierte, über die „Trotzmacht des Geistes".

Mit Nicky Marone zu sprechen: „Der einzige Weg, der hinausführt, geht mitten durch. Sie können nicht Skifahren lernen, indem Sie darüber etwas lesen. Sie müssen sich die Bretter unter die Füße schnallen und auf ihnen einen Abhang hinuntergleiten."

Britta analysierte jetzt schonungslos, warum sie aufgrund ihrer Jammerei und Bisshemmung zum prädestinierten Opfer des Mobbing geworden war. Vor allem aber schnallte sie sich „die Bretter unter", indem sie eine Kurzausbildung für eine ayurvedische Massage machte. Diese praktizierte sie dann im Studio ihres Mannes. Sie verdiente eigenes Geld.

Britta gewann Selbstvertrauen und lustvolles Bewältigungsverhalten frei nach dem Wort des Psychoanalytikers Erich Fromm: „Der Mensch von heute muss Mut zu sich selbst haben."

Homosexualität I

"Was soll ich tun?" Friederike, 46, erschien aufgelöst in meiner Praxis. "Mein Mann ist homosexuell", berichtete sie unter Tränen, "er schläft auch seit Jahren kaum mehr mit mir".

Ich: "Woher weißt du, dass er schwul ist?" Friederike erzählte mir nun die ebenso abenteuerliche wie quälende Leidensgeschichte ihrer Ehe.

Georg war für Friederike eine Liebe auf den zweiten Blick gewesen. Sie lernte den angehenden Facharzt auf der Geburtstagseinladung ihrer Freundin kennen: "Ich war hin- und hergerissen. Seine Intelligenz und berufliche Tüchtigkeit zogen mich an, seine Gefühlskargheit und Sachlichkeit irritierten mich. Umso erstaunter war ich, als Georg hartnäckig um mich warb und nicht locker ließ. Ich war Grundschullehrerin und stammte aus einem einfachen Haus. Georg kam aus einer reichen, akademischen Familie. Er konnte sich eine Villa bauen, den Flugzeugführerschein machen und eine kleine Sportmaschine unterhalten. Durch die Heirat mit ihm kam ich über Nacht in Wohlstand und ein höheres gesellschaftliches Milieu. Unser Glück schien vollkommen, als wir in rascher Folge zwei Kinder bekamen. Doch etwas stimmte nicht."

Das war die mangelnde Sexualität. Kaum war das zweite Kind geboren, näherte sich die Sexualität dem Gefrierpunkt: „Wir schliefen nur noch zwei bis drei Mal im Jahr miteinander, und das nur nach einem vorhergehenden Alkoholexzess. Er zeigte kein Begehren nach mir. Er berührte mich nicht. Er streichelte mich nicht. Er schaute mich nicht an, wenn ich nackt ins Badezimmer kam. Ich machte mich attraktiv, nahm Gewicht ab, zog Reizwäsche an."

Friederike weinte: „Es nützte alles nicht. Wir lebten nur noch nebeneinander her. Wir wurden zur Wohngemeinschaft mit beschränkter Haftung. Auf meine Vorhaltungen – bald mit Wut, bald unter Tränen – antwortete mir Georg stereotyp: ‚Ich bin überarbeitet. Außerdem bedeutet mir Sex nicht viel.'"

„Warum hast du dich nicht getrennt?", fragte ich Friederike. Sie: „Gelegentlich habe ich daran gedacht. Ich hatte auch zwischendurch einmal eine Affäre mit einem Schulkollegen. Aber ich wollte Georg nicht verlassen. Immerhin tat er finanziell alles für mich und die Kinder. Diese liebte er aus vollem Herzen. Er war ihnen ein guter Vater." Friederike erklärte: „Ein weiterer Grund kommt wohl hinzu. In meiner Ursprungsfamilie habe ich nichts Besseres erlebt als in meiner Ehe. Mein Vater zog meine Brüder vor und gab mir wenig Zuwendung. Mit dem gefühlsarmen Georg habe ich die alte Situation der väterlichen Abweisung gewissermaßen wiederholt. Georgs sexuelle Zurückweisung deckte sich vielleicht auch mit meinem erotischen Minderwertigkeitskomplex. Ich habe mich nie als eine für Männer attraktive Frau empfunden." In der Tiefenpsychologie nennt man eine solche Partnerwahl einen *neurotischen Wiederholungszwang*.

Misstrauisch wurde Friederike erst, als sich Georgs ärztliche Wochenendfortbildungen auffällig häuften und er zweimal pro Jahr allein in Urlaub flog. Sie vermutete, er habe eine Freundin. Sie spionierte ihm nach. Die Bombe platzte, als ihr zufällig in Kreta weilender Bruder sie anrief und ihr eröffnete: „Ich habe heute Georg Hand in Hand mit einem jungen Mann am Strand gesehen."

Zurückgekehrt eröffnete sich Georg auf ihre wütende Nachfrage nur halb. Er sei bisexuell, meinte er. Das alles sei nicht so schlimm. Ob sie sich nicht mit einer „ménage à trois", also einer Dreieckskonstellation, arrangieren könne. Friederike fühlte sich missbraucht. „Ob ein Mensch homosexuell ist oder heterosexuell, das ist mir egal", sagte sie, „aber er darf mich nicht belügen und mich am ausgestreckten Arm verhungern lassen". Und: „Ich erkannte, er war eindeutig homosexuell. Er hatte schon vor unserer Ehe Liebesbeziehungen zu Männern gehabt." Entsetzen, Trauer und Wut über die vertanen Jahre erfüllten sie.

Experten schätzen, dass jeder fünfte schwule Mann und jede dritte lesbische Frau Kinder hat und dass es in Deutschland mindestens eine Million homosexueller Eltern gibt. Diese Information entnehme ich dem klugen Ratgeber der selbst betroffenen Journalistin Bettina von Kleist *Mein Mann liebt einen Mann. Wie Frauen das Coming-out ihres Partners bewältigen* (Berlin 2003). Da heißt es auch: „Etwa 40 Prozent der Männer, die in der Schwulenszene verkehren, leben oder lebten mit einer Frau zusammen."

Friederike und Georg brachten etwas Erstaunliches und Außergewöhnliches zustande. Sie gingen bei einer Psychologin in eine Trennungstherapie. Sie fanden so ein halbwegs erträgliches Ende ihrer Ehe und sprachen ein offenes Wort zu den Kindern. Gut ist in diesem Fall auch der Kontakt mit der Selbsthilfegruppe *Tangiert* (Charlotte Steffen-Pistor: 02 02 – 78 11 11). Da gibt es die erste Krisenhilfe für betroffene Frauen zur Bewältigung ihres Gefühlschaos.

Eine andere Klientin, an der Pensionsgrenze stehend, wählte die strikte Trennung und Funkstille gegenüber ihrem Mann, nachdem sie die jahrzehntelange Homosexualität zufällig entdeckt und dessen eheliche Abstinenz erduldet hatte und traumatisiert war. Sie ließ die katholisch vollzogene Ehe annullieren. Sie befreite sich wie Friederike zu einem neuen, selbstbestimmten Leben. Beide Frauen erfuhren letztendlich eine Wahrheit und Entwicklung unter Schmerzen.

Der niederländische Gestalttherapeut Bruno-Paul de Roeck formuliert dieses Seelenerwachen (in *Gras unter meinen Füßen*, Reinbek 2009) so:

> *Werden kennt kein Ende*
> *Der Strom fließt weiter*
> *Jeder Augenblick ist neu*
> *Der Schmerz des Wachsens:*
> *Der Mühen wert*

Homosexualität II

Wie geht ein Mann mit seiner Homosexualität um? Müssen Eltern in Panik geraten?

Benedikt (25) war ein blasser, introvertierter katholischer Seminarist. Er wollte Priester werden. Seine Studienbefähigung hatte er sich mühsam genug erarbeitet. Der Sohn eines Briefträgers hatte zunächst eine Schreinerlehre absolviert, fühlte sich zu Höherem berufen, holte auf einem Abendkolleg das Abitur nach. Das fiel ihm schwer. Sein Milieu war bildungsfern. Besonders die Fächer Deutsch und Latein bereiteten ihm erhebliche Schwierigkeiten. Im Theologiestudium musste er dann auch noch das Graecum, also das Altgriechische, absolvieren und sich die Grundzüge des Hebräischen aneignen.

Zu seiner tiefen, aber auch schmerzhaften Religiosität war Benedikt durch eine Familientragödie gekommen: „Meine jüngere Schwester Sophia, die ich sehr liebte, wurde von einem Lastwagen überrollt und starb einsam auf einer Landstraße. Der unfallflüchtige Fahrer wurde zwar ermittelt, aber er kam mit einer gelinden Strafe davon. Seit diesem Zeitpunkt verdüsterten sich meine Eltern, der Frohsinn verschwand aus unserem Haus. An diesem Tiefpunkt fand ich, sechzehnjährig, in einem ökumenischen Bibel- und Gebetskreis Anteilnahme, Trost und Gottesgewissheit."

Benedikt war ein schüchterner junger Mann. An Mädchen traute er sich nicht heran. Er schrieb seine Zögerlichkeit seinen Minderwertigkeitskomplexen zu. Aber die Sehnsucht nach Berührung und die Sexualität gärten unterirdisch mächtig in ihm. Im katholischen Studienseminar, zusammen mit anderen angehenden Priestern, erlebte Benedikt dann etwas, was in ihm, wie er formulierte, „Angst und Seligkeit" auslöste: Er verliebte sich in einen theologischen Kommilitonen, der drei Jahre jünger war als er.

Benedikt erinnerte sich: „Wir verbrachten jeden Augenblick zusammen. Sportlich waren wir beide nicht, aber wir rauften gerne wie junge Buben. Als wir wieder einmal miteinander körperlich rangen, waren wir beide am Ende erschöpft und verharrten einige Augenblicke in der Umklammerung. Ich fühlte einen süßen Schmerz. Nie war ich einem Menschen so nahe gewesen. Ich fühlte den anderen warmen Körper – und genoss es. Dann lösten wir uns etwas verlegen aus dieser jähen körperlichen Intimität. Wir konnten nicht darüber sprechen."

Benedikt und sein Freund, nennen wir ihn Konstantin, suchten in den folgenden Monaten immer wieder den körperlichen Kontakt. Sie standen eng nebeneinander, einer legte dem anderen die Hand auf den Arm, sie pressten in der Vorlesung die Schenkel aneinander und dann, auf einer einsamen gemeinsamen Wanderung, küssten sie sich. Benedikt: „Es war der glücklichste Augenblick meines Lebens. Wir gestanden uns unsere Liebe."

Was so anrührend und zart begann, wurde zum Golgathaweg. Benedikt spürte immer stärker den Drang, Konstantins nackten Körper zu berühren, ihn zu streicheln und sich selbst streicheln zu lassen, mit Konstantin zu schlafen. Eben da geschah die Liebeskatastrophe. Freund Konstantin mochte sich das Glück der sexuellen Erfüllung nicht gestatten, er neigte zur Selbstbestrafung und verstand wohl die Religion als eine Drohbotschaft. Er zog sich von einem Tag auf den anderen von Benedikt zurück, wich seinem Blick aus, verweigerte jede Aussprache. Schließlich ging er zur „Generalbeichte", entledigte sich seines „sündhaften" Umgangs mit dem Freund und zog sich in den Semesterferien zu strengen Exerzitien zurück. Benedikt war am Boden vernichtet.

Benedikt machte die schwerste Zeit seines Lebens durch. Immer stärker erkannte er, dass das Schwulsein ein wichtiger und kostbarer Teil seiner Persönlichkeit war und dass er sich dessen nicht schämen musste. Immer stärker begriff er aber auch, dass er seine Liebe zu Männern beim gegenwärtigen Stand der Vatikan-Theologie als Priester nicht würdig, sonder nur im Geheimen leben dürfte. Nun stand er vor einer doppelt schweren Entscheidung – einmal das so geliebte Studium abzubrechen und eine neue berufliche Option zu entdecken, zum anderen seinen strenggläubigen konservativen Eltern sein Coming-out zumuten zu müssen. Benedikt tat beides: Er nahm Abschied vom katholischen Seminar und wechselte in das Studium Sozialpädagogik an einer Fachhochschule über. Er stellte sich seinen Eltern und sagte: „Ich bin schwul und lasse mir das nicht ausreden."

Die Eltern waren entsetzt, und sie fielen aus allen Wolken. Sie hatten ihren braven Jungen bereits als Priester vor dem Altar stehen sehen. Als auserwählten Diener Gottes, gesalbt und gekrönt als reiner apostolischer Nachfolger des Jesus von Nazareth. Damit war es aus. Jetzt würde er „nur" noch ein Sozialarbeiter sein, ein Serviceleister im Jugendamt oder in einer Entzugsklinik für Alkoholiker. Noch schlimmer: Er würde als schwuler Mann nie eine Schwiegertochter und damit Enkelkinder in die Familie bringen, die sie sich vergeblich von der Tochter erhofft hatten. Der Vater wurde aggressiv, die Mutter weinte herzzerbrechend. Sie sagte, durchaus hilfreich gemeint, zu ihrem schwulen Sohn: „Geh doch zum Psychologen. Der macht dich wieder gesund."

In dieser existentiellen Einsamkeit – keinen Geliebten mehr, die Eltern abweisend – kam Benedikt zu mir. Natürlich bestärkte ich ihn in seinem Weg der männlichen Liebe. Es gelang mir, eine Familiensitzung mit Mutter, Vater und Benedikt herbeizuführen. Die Eltern waren anfangs unerbittlich in ihrer Ablehnung. Benedikts sexuelles Leben sei, wie sie scharf verurteilten, „abartig" und „widernatürlich". Es wurde ein langes Gespräch zwischen uns vier Menschen. Ich sprach mit Engelszungen. Nichts verfing.

Dann kam, eher spontan und unbewusst, ein Satz aus meinem Mund, der sie aufhorchen ließ. Ich fragte: „Wenn Eure Tochter Sophia um den Preis aus dem Totenreich zurückkehren könnte, dass Ihr ihr Lesbischsein akzeptieren müsstet, wollte Ihr sie dann zurückhaben?" „Ja natürlich", antworteten beide unisono. Sie lächelten plötzlich. Das Eis war gebrochen. Sie erkannten, dass sie das Leben ihres geliebten Sohnes nicht bestimmen konnten. Sie begannen, ihn in seinem Anderssein anzunehmen.

Benedikt erzählte ihnen von seiner inneren Not, seiner Sehnsucht, der Liebesgeschichte und ihrem Ende mit Konstantin, ja sogar von seinen Gedanken an Selbsttötung. Dabei weinte er, und die Anteilnahme der Eltern war auf ihren Gesichtern abzulesen. Sie waren einfache, liebe Menschen. Benedikt hatte seinerseits die Größe, ihren Schmerz zu verstehen, dass er weder Priester werden noch ihnen Enkel bringen würde. Das sagte er ihnen. Sie nahmen sich in die Arme.

Am Ende der aufwühlenden Sitzung herrschte Heiterkeit. Beim Hinausgehen aus meiner Praxis stupste der Vater Benedikt mit dem Ellenbogen in die Seite. Er sagte lachend: „Bring mir ja einen guten Schwiegersohn ins Haus, einen der Handwerken und Fußballspielen kann, nicht so einen Intellektuellen wie du, mit zwei linken Händen."

Ich-AG und Wir-AG

Jeder von uns muss seine eigene Ich-Werdung zu jedem Zeitpunkt des Lebens immer wieder neu bestehen. Umgekehrt besteht gleichzeitig die Notwendigkeit, in der Beziehung die Wir-AG zu pflegen und zu entwickeln.

Tatsächlich beobachte ich in der Arbeit mit Paaren immer wieder, dass Männer in der Beziehung einseitig die Chance der Ich-AG verwirklichen und die Aufgabe der Wir-AG ihren Frauen überlassen. Das heißt, sie sind zu gut neunzig Prozent mit ihrem Beruf, dem Verein und ihren Hobbys verheiratet. Sie lassen sich von der Frau den Rücken freihalten und überlassen ihr den Haushalt, die Betreuung der Kinder und die Pflege familiärer und sozialer Beziehungen.

Claudia Pinl konstatiert in ihrem dokumentarischen Buch *Das faule Geschlecht*: „Männer drücken sich vor beidem. Vor der Arbeit im Haus, vor dem Putzen, Waschen, Kochen, ebenso wie vor der ‚Beziehungsarbeit', der Versorgung, Pflege und Erziehung von Kindern, Alten oder Kranken."

Norbert war so ein Fall. Er kam mit seiner Frau Brigitte in meine Praxis. Eigentlich wollte er gar nicht kommen, aber die Not trieb ihn. Brigitte war nämlich mit den beiden Kleinkindern ausgezogen.

Sie sprach freundlich, aber bestimmt von einer „Trennung auf Probe". Norbert erkannte seine früher so brave und angepasste bessere Hälfte kaum wieder. Solche Töne war er nicht gewohnt. Was war geschehen?

Norbert war der einzige Sohn seiner Eltern. Er hatte zwei ältere Schwestern. Sein Vater war stolz auf ihn als den männlichen Stammhalter. Seine Mutter vergötterte ihn und trug Norbert immer alles nach. Die Schwestern verhätschelten das männliche Nesthäkchen. Jede Arbeit wurde Norbert abgenommen. Natürlich lernte er nie Bügeln, Putzen oder Kochen. Während seines BWL-Studiums wohnte er noch im „Hotel Mama". Mama bügelte ihm bis zum Staatsexamen die Unterhosen im Zwickel.

Genauso stellte sich Norbert auch die Ehe als eine Versorgungseinrichtung für den Mann vor. Er war der erste Akademiker in seiner Familie und war mächtig eingebildet auf seinen Status. Für seine Firma tat er alles. Er leistete Überstunden und gierte förmlich nach Geschäftsreisen. Dass er dabei seine kleinen Kinder aus den Augen verlor und Brigitte allein ließ, nahm Norbert überhaupt nicht wahr. Die Familie war für ihn das Rundum-sorglos-Paket für den karrierebewussten Ehemann. Brigitte musste sich um Eltern und Schwiegereltern kümmern, an die Geburtstage denken, Freunde einladen, Wochenenden und Urlaube planen, sonst wäre überhaupt nichts geschehen.

In den Ferien nahm Norbert, der sich inzwischen zu einem Workaholic entwickelt hatte, grundsätzlich Büroarbeit mit. Er fühlte sich als Angestellter im mittleren Management wichtig und unersetzbar. Er verarmte dabei als Mensch.

Vorbei waren die Zeiten, als er mit Brigitte nächtelang über Lebenssinn, Reinkarnation, Atomkraftwerke, Naturschutz, Literatur und Musik gesprochen hatte. Jetzt kommunizierte er nur noch auf einer sachlichen Ebene mit den Objekten der dinglichen Welt. Freundschaft, Empathie, Spiritualität, ökologisches und pazifistisches Denken wurden ihm fremd. Hingabe, Mitgefühl, Leidenschaft verschwanden. Seine Zärtlichkeit versiegte.

Brigitte reagierte mit Verweigerung der Sexualität. Aber auch das ließ Norbert nicht aufwachen. Brigitte erklärte ihm in der Sitzung: „Du denkst nur an dich und deine Selbstverwirklichung. Natürlich bringst du das Geld nach Hause, du trinkst nicht und hast keine Weibergeschichten. Aber du bist ein abwesender Ehemann und Vater. Inzwischen hast du auch noch viermal in der Woche abends Sitzungen bei deinem Verein und in der Kommunalpolitik. Am Wochenende verschwindest du zum Kanufahren und hockst bis in die tiefe Nacht vor deinen

Computerspielen. Welchen Platz haben ich und deine Kinder überhaupt in deinem Leben? Ich habe meinen Beruf für die Familie aufgegeben."

Norbert wurde blass. Die Einsamkeit ohne Brigitte und die Kinder in seinem schicken Neubauhaus machte ihn verrückt. Er begann zu ahnen, dass ihm Intimität und Nähe fehlten. Er erkannte, dass er über seine penetrante „Ich-Philosophie" das Wir der Liebe verloren hatte.

Der knapp vierzigjährige Norbert hatte sich mit seiner Ich-AG so übernommen, dass er inzwischen bereits an Herzarrhythmien und koronaren Schmerzen litt. Das passt genau in das Bild des „isolierten Typus". Er ist abgespalten vom warmen Herzen und vom beziehungsgesättigten Leben.

Norbert konnte in der Paartherapie, die zu einem schöpferischen Neuanfang seiner Beziehung zu Brigitte und den Kindern führte, etwas Entscheidendes lernen: Die Integration der Weiblichkeit, der *anima* (C. G. Jung), in seine Seele. Norbert trat die Reise ins Weibliche, die Hege und Pflege der Gefühle, an.

Er machte dabei zunächst eine bestürzende Entdeckung, die nach Sam Keen „in der Psyche erfolgreicher Männer" liegt: „Wenn Männer, die ihre entscheidenden Jahre mit lauter nach außen gerichteten Aktivitäten verbracht haben, zum ersten Mal den Blick in ihr Inneres lenken, in das Unbekannte, ihre

Seele, dann stoßen sie sehr bald auf eine große Leere – ein ödes, weites Nichts." Norbert lernte, die Steppe seines männlichen Nichts zu wässern und die Blumen seiner Gefühle darauf erblühen zu lassen.

Natürlich war Brigitte nicht ganz unschuldig an der totalitären Herrschaft von Norberts Ich-AG. Schließlich hatte sie das jahrelang mitgemacht. Frauen sind in diesem Sinn oft Co-Abhängige, Komplizen der Männer. Bereits vor hundert Jahren las die englische Schriftstellerin Vita Sackville-West den Frauen die Leviten: „Die Männer bringen die Frauen um. Die meisten Frauen lassen sich gern umbringen."

Das Letztere scheint paradox. Denn die junge Generation der Frauen ist inzwischen längst auf dem Weg zur Macht und erobert Kanzler- und Ministerpositionen. Warum lassen Frauen sich immer noch „gern umbringen"?

Alice Schwarzer stellt in ihrem Buch *Die Antwort* die gleiche Frage: „Die äußeren Fesseln sind gefallen. Die Tore zur Welt stehen den Frauen offen. Und was geschieht? Angesichts der Fröste der Freiheit scheinen die Frauen zu schaudern. Liegt es daran, dass die innere Emanzipation noch Trippelschritte macht, während die äußere in Siebenmeilenstiefeln vorangestürmt ist?"

Durch ihre „Trennung auf Probe" hatte Brigitte jedoch ihre Angst überwunden. Sie durchschritt das „Tor zur Welt". Jetzt begann Norbert um seine Brigitte zu kämpfen – und entwickelte sich. Er fand Zeit für sie und seine Kinder. Das Paar zog wieder zusammen. Und wenn es nicht gestorben ist, bewohnt es noch glücklich seine neu entdeckten gemeinsamen Raum- und Zeitinseln.

Ichwerdung

"Aus Carola wird nie etwas", weinte Elisabeth in meiner Praxis. "Erst hat sie das Abitur beim ersten Anlauf nicht geschafft, dann ließ sie sich ein Kind andrehen und jetzt hat sie ihr BWL-Studium abgebrochen."

Die erfolgreiche Geschäftsfrau Elisabeth (48) zeigte sich über ihre „missratene" 24-jährige Tochter Carola fassungslos. Das war vor zehn Jahren. Ich versuchte, Elisabeth mit dem Hinweis auf die häufige Odyssee unserer Ichwerdung zu trösten. Ich sei, bekannte ich, selbst ein für meine Mutter strapaziöser Spätentwickler gewesen und ebenfalls beim ersten Mal mit Pauken und Trompeten durchs Abitur gefallen. Mein gut gemeinter Tröstungsversuch, so spürte ich, verfing bei Elisabeth nicht.

Inzwischen durfte ich durch meine Patienten viele Erfahrungen über das Drama der Individuation sammeln. Sicher ist: Die Entwicklung des Ichs läuft nicht auf einer geraden Strecke. Sie mäandert, das heißt, sie schlängelt sich durch die Lebenslandschaft wie der wilde Bach Mäander im Athen des Sokrates.

Gloria (41), eine andere Klientin, beschrieb mir den beruflichen Hürdenlauf ihres Ichs so: „Mein Vater war Oberarzt an einem Krankenhaus. Ich erlebte ihn zwiespältig. Einerseits liebte er seinen

Arztberuf über alles, andererseits schimpfte er ununterbrochen über den Stress und die Ausbeutung durch seinen Chef. Als ich achtzehn war, hatte ich die Schule satt. Andere Dinge beschäftigten mich viel mehr, vor allem meine geheime Beziehung zu einem fünfzehn Jahre älteren verheirateten Mann. Davon durften meine Eltern nichts wissen. Ich war auch faul und ein verwöhntes Gör. Meine Eltern haben mir alle Schwierigkeiten aus dem Weg geräumt. Ich bin dann, als die völlig instabile Liebesbeziehung zerbrach, ein Jahr als Au-pair-Mädchen nach Amerika gegangen. Zurückgekehrt jobbte ich mich so durch, mal als Animateurin in einem ‚Club Mediterranee', mal als Kellnerin in einem Szenelokal. Meine Beziehungen waren chaotisch. Da ich hübsch war, hatte ich viele Männer. Schließlich wurde ich schwanger, habe aber abgetrieben.

Eines Tages traf ich meine alte Schuldirektorin, eine großartige, emanzipierte Frau. Sie lud mich in ein Café ein. Natürlich fragte sie mich, was ich denn beruflich mache. Ich stotterte grässlich herum. Das hat mich selbst beschämt. In diesem Augenblick habe ich nachgedacht.

Ich war mein Globetrotterdasein leid. Ich wollte etwas aus mir machen. Mit dreiundzwanzig Jahren bin ich noch einmal auf ein Schulkolleg gegangen und holte mein Abitur nach. Dann habe ich mich um

VORHER – NACHHER

einen Studienplatz der Medizin beworben. Es hat zwei Jahre lang gedauert, bis ich unter den strengen Numerus-clausus-Bedingungen eine Universität zugewiesen bekam. Die Wartezeit habe ich nicht vertrödelt, sondern als Hilfsschwester in einem Kinderkrankenhaus gearbeitet. Das vermittelte mir viele Kenntnisse, die ich heute noch gebrauchen kann: Ich bin Kinderärztin geworden.

Ich liebe meinen Beruf sehr. Letztlich bin ich also auch bei der Medizin gelandet – wie mein inzwischen verstorbener Vater. Oft muss ich an die Verse aus Goethes Faust denken, die er so gern zitierte:

> *Den Arzt, der jede Pflanze nennt,*
> *Die Wurzeln bis ins Tiefste kennt,*
> *Den Kranken Heil, den Wunden Lindrung schafft,*
> *Umarm' ich hier in Geist- und Körperkraft.*

Was ist aus der am Anfang erwähnten „missratenen" Tochter Carola geworden? Sie heiratete nicht den unreifen Vater ihres Sohnes, sondern einen anderen liebenswerten Mann. Sie studierte mit Erfolg Sozialpädagogik. Mit dreißig Jahren wurde sie zur Heimleiterin berufen. Mutter Elisabeth ist stolz auf sie und den Enkelsohn.

Kinder als Liebesersatz

Ich begriff überhaupt nichts. Edith schluchzte in meiner Praxis: „Mein Leben hat keinen Sinn mehr. Man hat mir die Gebärmutter herausgenommen!" Die 37-jährige Mutter von fünf Kindern klagte: „Jetzt kann ich keine Kinder mehr kriegen."

Frank, ein blasser, schmächtiger Mann, seufzte: „Mit meiner Frau ist nichts mehr anzufangen. Sie tut so, als ob der Weltuntergang ausgebrochen wäre. Dabei ist ihr Krebs beseitigt. Es haben sich keinerlei Metastasen gebildet." Der 42-jährige Handwerker wusste nicht mehr weiter. Die Ehekrise war unübersehbar.

Natürlich, so dachte ich, ist die Herausnahme der Gebärmutter ein schwerer operativer Eingriff und ein seelischer Angriff auf die Identität einer Frau. Wenn mir ein Chirurg die Hoden entfernte, würde ich zweifellos um mein männliches Selbstbewusstsein ringen. Aber war der Sieg über den tödlich bedrohenden Krebs bei Edith nicht den Verlust der Gebärmutter wert? Vor allem aber: Hatte sie nicht mit vier Töchtern und einem Jungen ein reiches, kindergesättigtes Leben?

Was bedeutete der schmerzensreiche Ausruf „Jetzt kann ich keine Kinder mehr kriegen"? Dieser

Satz machte mich umso mehr stutzig, als Edith wenig später das Bekenntnis hinzufügte: „Ich brauche Babys."

Was heißt das, fragte der Therapeut in mir, wenn eine Frau, die bereits fünf Kinder hat, weitere Babys „braucht", sozusagen wie Grundnahrungsmittel oder den Sauerstoff zum Leben? Wir – Edith, Frank und ich –, machten uns in den folgenden Sitzungen an jene Arbeit, die den Grund aller Paartherapien ausmacht: Die Inventur der Beziehung. Es lag, so stellte sich heraus, eine sogenannte zentrifugale Ehe vor.

Was heißt das? Antwort: Jeder der beiden Partner geht einen innerlich entgegengesetzten Weg. Frank kämpfte seit Jahr und Tag um das nackte Überleben seines Ein-Mann-Betriebes. Die Finanzen waren knapp. Die wachsende Kinderzahl verschärfte den Überlebensdruck. Er hatte es als „Schattenkind" einer kinderreichen, an der Armutsgrenze lebenden Familie nicht leicht gehabt und kaum eigene Ansprüche anmelden dürfen.

Frank war ein gutmütiger und liebevoller Mann. In Edith wählte er sich eine dominante, pflichtbewusste, aber sexuell abweisende Frau. Seinen Wunsch nach Erotik und Zärtlichkeit vermochte er bei ihr nicht durchzusetzen. Also fand er seine Flucht in der Arbeit rund um die Uhr – und in der Vergötterung und Liebkosung vor allem seiner vier Töchter. Seine werbende Liebe um sie hatte für mich einen etwas übertriebenen, kompensatorischen und – im Nanobereich – leicht inzestuösen Charakter. Holte sich Frank von ihnen die Gefühle und den Hautkontakt, die er bei Edith vermisste?

Was war mit Edith los? Die gelernte Erzieherin war in einer zwar wohlsituierten, aber „viktorianischen" Familie aufgewachsen. Im erzprotestantischen Milieu ihrer Eltern bildete die Sexualität ein Tabu. Der Umgang mit Jungen wurde ihr früh verboten. Ihre Menarche erlebte die unaufgeklärte Dreizehnjährige als „Krankheit".

Edith: „Bei meiner ersten Regel glaubte ich zu verbluten und schämte mich zugleich furchtbar." Erotisch vermochte sich die erwachsene Edith für ihren Mann nicht zu öffnen. Damit blieben ihre eigenen libidinösen Wünsche unerfüllt. Zugleich sehnte sie sich, das zu erleben, was ihr früh verweigert wurde – die Stillung kindlicher Abhängigkeitsbedürfnisse und lustvolle Passivität.

So wurde Kinderkriegen Ediths wichtigste Freude im Leben. Indem sie hilflose, liebesbedürftige Säuglinge gebar, konnte sie ihr eigenes, verdrängtes Verlangen nach Abhängigkeit und Umsorgtwerden in eine, wie man in der Psychologie sagt, aktive „Gegenabhängigkeit" umwandeln. Sie delegierte ihr eigenes Bedürfnis nach Versorgung an ihre Kleinkinder. Erotisch unausgefüllt fand Edith im Baden, Hätscheln und Streicheln ihrer Babys einen Teil jener sinnlichen Befriedigung, die ihr von den Eltern verweigert worden war.

Größer geworden befreiten sich Ediths Kinder jedoch aus der säuglingshaften Abhängigkeit und damit libidinös stillenden Funktion. Deshalb musste Edith um ständigen „Nachschub" von Säuglingen sorgen. Deshalb auch ihr verzweifelter Ausbruch: „Jetzt kann ich keine Kinder mehr bekommen."

An Ediths – und Franks – Fall sind mir auch die Grenzen der Schulmedizin deutlich geworden. Der Chirurg hatte seine Pflicht getan. Er hatte seines Amtes gewaltet.

Doch auf der seelischen Ebene gab er Edith ein verstümmeltes Leben zurück, das so nicht zu heilen war. Die Exzision der Gebärmutter drückte auf der Symbolebene das vor Jahrzehnten in Ediths Kindheit und Jugend durch die Eltern vorgenommene *Ausschneiden der Weiblichkeit* aus.

Edith lernte in der Therapie zu begreifen, dass ihre wegoperierte Gebärmutter sie symbolisch auf zwei zu entwickelnde Seelenprozesse verwies: Die Fähigkeit, sich selbst – statt einseitig die Kinder – zu bemuttern und eine erotische Beziehung zu einem Mann, nämlich Frank, herzustellen.

Der Arzt Viktor von Weizsäcker, der Nestor der Psychosomatik, konstatiert (in *Krankengeschichte*, 1928): „Krankheit ist wirklich die von Fall zu Fall geschehende Anerbietung eines Wissens um die Wahrheit. Von hier aus darf man sich wohl so ausdrücken: Krankheit ist erfahrbar als dies, dass durch ein Körpergeschehen eine Bewusstseinsentwicklung geschaffen wird ... Krankheit ist ein Examen, aber auch ein Unterricht; es wird geprüft, aber auch mitgeteilt."

Natürlich musste auch Frank Ediths Gebärmutteroperation als ein Symptom des gemeinsamen, schwächelnden Beziehungsunbewussten erkennen lernen. Er fand zur stärkeren zentripedalen, Edith zugewandten Beziehungsbewegung. Frank hatte an chronischen Magenverstimmungen gelitten. Sie waren wohl Symbol *seiner* Eheverstimmung. Diese Gastritis, von ihm als Seelenbotschaft entschlüsselt, wurde ihm so zum schöpferischen Geschenk neuer Wegbestimmung.

Der von mir zitierte Psychosomatiker Weizsäcker war fasziniert von der „List, mit der die Krankheiten Entscheidungen herbeiführen, die dem Menschen notwendig sind."

Kindverlust

Es ist der Tanz des Paares, der das Wesen der Liebe ausmacht. Paare, die in die Krise geraten, haben diesen Schwung eingebüßt. Sie sind stehen geblieben. Sie stagnieren. Sie erstarren wie Lots Weib zur Salzsäule. Das Erstarren in festen Strukturen ist der Tod der Beziehung.

Manchmal ist es wichtig, dass das Paar das Alte, nicht mehr Lebbare in Würde, vielleicht sogar mit einem Ritual, verabschiedet. Abschied und Trauerarbeit verlangen Zeit und Geduld. Eine Frau, deren Kinder ins Studium aufbrechen, muss sich beispielsweise von ihrer aktiven Mutterschaft verabschieden. Da geht ein Sinn des Lebens verloren, der lange getragen hat. Vielleicht ist eine andere Sinnerfüllung noch nicht in Sicht.

Eine Frau meinte beim Auszug ihrer erwachsen gewordenen Kinder: „Es ist eine große Leere in mir. Ich könnte Tag und Nacht weinen. Es ist wie ein kleiner Tod. Ich bin ratlos. Ich weiß nur eines: Etwas Neues muss in meinem Leben beginnen."

Manchmal ändert sich die Melodie des Lebens, nach der ein Paar seinen Tanz ausführt, radikal. Dagmar und Leonhard haben dies erfahren. Ich begegnete ihnen, als sie, beide zweiundvierzig Jahre alt, ihre sechzehnjährige Tochter Susanne auf tragische Weise verloren. Susanne hatte mit dem ersten Freund ihres jungen Lebens am Samstagabend eine Disco besucht. Ihr Freund war drei Jahre älter und hatte sich zu diesem Zweck ein Motorrad ausgeliehen. Tatsächlich beherrschte er das schwere Gerät nicht. In der Disco betrank sich der Freund. Vielleicht wollte er auch mit seinem Trinkgehabe Susanne imponieren.

Als sie, nach Mitternacht, aufbrachen, beschwor Susanne, wie Discobesucher später berichteten, ihren Freund, das Motorrad stehen zu lassen und ein Taxi zu nehmen. Doch der wehrte lachend ab, er sei so fahrtauglich wie nie. Keine drei Kilometer von der ländlichen Disco entfernt flog das Motorrad bei überhöhter Geschwindigkeit aus einer engen Kurve, knallte gegen den Stamm einer Pappel und riss Susanne in den Tod.

Die Eltern waren versteinert vor Schmerz. Eine ambulante Therapie allein schien mir unzureichend. Ich empfahl Dagmar und Leonhard, ein Trauerseminar zu besuchen. Die fast lebensunfähigen Eltern – Leonhard war auf Monate hinaus krankgeschrieben – taten es. Sie kehrten, welch ein Wunder, langsam wieder in das Leben zurück.

Dagmar berichtete mir: „Bis zum Unfalltod Susannes sind wir ein fröhliches Paar gewesen. Wir haben in vollen Zügen gelebt und nichts anbrennen lassen. Mit Susanne haben wir einen Wüstentrip unternommen. Leonhard und ich sind beide begeisterte Segelflieger. Wir haben Englisch und Spanisch gelernt. Mit einem Wohnwagen haben wir Amerika vom Westen nach Osten durchquert. Wir haben Lateinamerika erkundet. Leonhard hat geklettert, und zwar das sogenannte Freeclimbing. Ich liebte meine Frauen-Jazz-Dance-Gruppe. Das Leben schien uns wie ein einziges Fest. Jetzt hat sich das alles geändert. Die ersten zwei Jahre nach Susannes Tod bewegten wir uns beide wie im Totentanz. Es gab keine Freude mehr. Ich habe Abend für Abend geweint. Leonhard stierte vor sich hin oder saß lustlos vor einem Computerspiel.

Dann stießen wir auf ein Projekt, bei dem gesunde und behinderte Kinder gemeinsam betreut werden. Das hat uns beeindruckt. Wir haben einen sechzehnjährigen Jungen mit Down Syndrom, also ein ‚Kind' in Susannes Alter, ein bisschen adoptiert. Wir holen ihn häufig am Wochenende zu uns, wo er dann in Susannes ehemaligem Zimmer schläft. Das mag uns zwar nicht mit Susannes Tod versöhnen, aber wir sind wieder in Bewegung geraten. Unser Lebenstempo ist gemessener, etwas melancholisch geworden, aber es ist wieder hoffnungsvoll. Früher haben wir im Leben sozusagen heiß getanzt, jetzt ist es eher ein langsamer Walzer, von Moll-Tönen kontrapunktiert."

Der Tanz des Paares verlangt von uns, das Neue zu bejahen und uns auf die Veränderungen des Lebens und der Beziehung einzulassen und sie gemeinsam zu gestalten. „Alles fließt", meinte der Philosoph Heraklit vor zweieinhalbtausend Jahren. Und: „Man steigt nicht zweimal in denselben Fluss."

Das ist es. Das macht den Tanz des Paares aus. Dass wir dieses Abenteuer gemeinsam bestehen, ist erschütternd und einmalig. Stehen bleiben dürfen wir nicht. Wir müssen tanzen.

Kontrollzwang

Als Veronika zusammen mit ihrem Mann Albrecht in meine Praxis kam, war ihr Verhalten merkwürdig. Veronika gab mir nicht die Hand.

Sie hängte ihren schweren Wintermantel nicht an die Garderobe, sondern behielt ihn die zweistündige Sitzung hindurch auf ihrem Schoß, obwohl die Praxis mollig warm geheizt war. Auf den Korbsessel legte sie drei Tempo-Taschentücher aus, um sich darauf zu setzen. Sie vermied jede Berührung mit einem Gegenstand im Raum. Anschließend ließ sie sich von Albrecht durch die geöffnete Tür hinausbegleiten. Sie fürchtete den Kontakt mit der Türklinke. Die 54-jährige kinderlose Hausfrau litt unter einem Sauberkeitszwang.

Das war es nicht allein. Der Sauberkeitszwang hatte bei Veronika einen Waschzwang zur Folge. Überdies war sie ein Opfer ihres Kontrollzwangs. Albrecht erlebte Veronikas dreifache Manie immer ärgerlicher und hilfloser. „Ich habe eine gut gehende Firma", sagte er, „meine Frau muss nicht arbeiten. Sie hat alles, was sie braucht, ein Leben in Wohlstand, eine Putzfrau und praktisch keine Verpflichtungen. Ich verstehe das alles nicht." Seine Hilflosigkeit und sein Unverständnis waren natürlich. Angehörige sind keine Therapeuten. Im Gegenteil, sie degenerieren gegenüber dem Zwanghaften oder süchtigen Partner meist zu Co-Abhängigen.

Veronika litt unter dem Korsett ihrer Seele. Wenn die Putzfrau, die jeden Vormittag vier Stunden kommen musste, das ganze Haus gestaubsaugt und nass geputzt hatte, staubsaugte und putzte Veronika am Nachmittag die gesamte Villa ein zweites Mal. Sie tat dies nur mit Gummihandschuhen, die sie nach einmaligem Gebrauch wegwarf. Badezimmer und Toilette desinfizierte sie täglich. Pro Woche verbrauchte sie im Durchschnitt drei Spraydosen. Wie ihr Mann berichtete, wusch sich Veronika circa dreißig Mal am Tag die Hände. Sie ging auf keine fremde Toilette und hatte deshalb seit zwei Jahren alle Urlaubspläne vereitelt. Ihr Kontrollzwang rundete das Krankheitsbild ab: Wenn Veronika das Haus verließ, ging sie meist zweimal zurück, um sich zu vergewissern, ob sie den Herd und die Kaffeemaschine ausgemacht und die Balkontür auch richtig verschlossen habe. Kurz, Veronikas Verhalten war für sie und Albrecht ein mittleres Martyrium.

Was war die Ursache der Neurose, der Wahrnehmungs- und Handlungsverzerrung Veronikas? Es waren viele. Kern ihres Sauberkeits- und Waschzwangs war ihre gestörte Sexualität. Sie war ihr „ekelig", sie hatte sie eingestellt. Das erwies sich als mütterliche Hypothek.

Veronika kam als uneheliches Kind in einem bigotten Kleinstädtchenmilieu zur Welt. Die Mutter erlebte sich als „Schande", Veronika fühlte sich unerwünscht. Die gedemütigte Mutter bläute der Tochter das verhängnisvolle Dogma der schmutzigen Sexualität ein.

Außerdem errichtete die Mutter in ihrem Haushalt ein wahrhaft terroristisches Regime striktester Sauberkeit – tiefenpsychologisch gesehen wohl unbewusst kompensatorisch für ihre vermeintliche Unreinheit. „Ich durfte mich dort nur mit Pantoffeln bewegen", erinnerte sich Veronika. Dass sie bei dieser Erinnerung weinen musste, war ihr unerklärlich. Veronikas Mutter fand dann, gleichsam wider Erwarten, einen Mann, der sie heiratete. Ein Jahr später verunglückte dieser auf tragische Weise, er kam während des Karnevals angetrunken bei einem Autounfall ums Leben. Dieser zweite Schicksalsschlag warf Veronikas Mutter um. Sie reagierte mit jahrelangem Rückzug in die Wohnung, litt unter Ängsten und kontrollierte jede außerhäusliche Aktivität der Tochter zwanghaft. „Als ich mich einmal um eine Stunde verspätete", berichtete Veronika, „rief sie die Polizei an".

Nach der typischen Art der Zwanghaften entwickelte schon die junge Veronika eine pessimistische Grundstimmung gegenüber dem Leben. Sie blieb dann bis zum 45. Lebensjahr, von zwei kurzlebigen Affären abgesehen, allein. So fielen ihre Verhaltensauffälligkeiten und Zwänge kaum auf. Als Veronika dann den gutmütigen weichen Albrecht kennenlernte und heiratete, milderte das Liebesglück einige Jahre lang ihr Zwangsverhalten. Doch als der Alltag mit seiner bleiernen Schwerkraft zu lasten begann, holten sie auch die Zwänge wieder ein.

Unter den Verhaltenszwängen lag in der Tiefe des Unbewussten wie ein geologisches Sediment die mütterliche Ablagerung einer lebensfeindlichen, rigiden Moral. Veronika passierte es nämlich, dass sie, ein Jahr vor ihrem Praxisbesuch bei mir, im Karneval, vom ungewohnten Alkoholgenuss endlich einmal enthemmt, einen Tanzpartner lustvoll küsste oder, wie sie es bitter formulierte, sich mit ihm „sündig einließ". Jetzt fühlte sie sich als „Hure" und „Ehebrecherin", obwohl Albrecht, selbst ein fröhlicher Jeck, ihr das überhaupt nicht krumm nahm.

Wohl unbewusst und ohne selbst an das schreckliche Schicksal des väterlichen Karnevaltodes zu denken, sagte Veronika in der Sitzung wörtlich: „Ich habe die Ehe an die Wand gefahren."

Der Seelenarzt und Philosoph Carl Gustav Carus (1789 – 1869) konstatierte in seinem Werk *Psyche*: „Der Schlüssel zur Erkenntnis vom Wesen des bewussten Seelenlebens liegt in der Region des Unbewusstseins." Fazit: Wo in einer Seele so viel Angst vor seelischem Schmutz und Unsicherheit gegenüber den tödlichen Gefahren des Lebens die Überherrschaft gewinnen, da wird die Kontrolle nach außen zum Maß aller Dinge. Gebote und Verbote lähmen den Menschen. Zum Ritual erstarrte Sauberkeits- und Kontrollmechanismen sollen der Abwehr der Angst dienen.

Der seelisch Gestörte lebt in einem Dauerzustand der inneren Beunruhigung und, wie die Psychologie sagt, der moralischen *Remanenz*. Das ist, wie im Fall von Veronikas harmloser Knutscherei, das qualvoll bedrängende Gefühl, hinter den selbstgesteckten moralischen Ansprüchen auf absolute „Sauberkeit" zurückzubleiben (re-manere). Dies manifestierte sich symbolisch in Veronikas Waschzwang.

Was tun? Ich empfahl Veronika zwei therapeutische Wege, die sie mit Erfolg absolvierte: Eine Verhaltenstherapie vor Ort, das heißt, die langsame Verabschiedung ihrer Zwänge an der Hand eines liebevollen lebenspraktischen Verhaltenstherapeuten. Anschließend eine tiefenpsychologische Arbeit in einer vorzüglichen psychosomatischen Klinik

(Hochgrat-Klinik Wolfsried/Allgäu) zur Bearbeitung ihres neurotisierenden Seelenleides unter teilweisem Einbezug ihres Mannes in die Therapie.

Veronika genas.

Krankheit I

Ein Beinbruch, äußerlich gesehen ein banaler Zufall, kann am Weglaufen hindern und eine Ehe retten.

Paul, ein vierzigjähriger Facharbeiter, verheiratet, Vater zweier noch nicht schulpflichtiger Kinder, berichtete mir darüber. Sein heller analytischer Verstand, mit dem er selbst das komplexe Drama seines Unbewussten aufdröselte, faszinierte mich. Paul: „Ich fahre gerne Ski. Meine Frau ist unsportlich. Als ich vor einem Jahr allein in die Alpen zum Skilaufen fuhr, verliebte ich nüchterner Norddeutscher mich unsterblich in eine süße Schwäbin. Sie war 25 Jahre alt. Ich stand in Flammen. Unsere Sexualität war himmlisch. Das hatte ich seit der Geburt unserer Lütten (Kleinen – M. J.) fürchterlich vermisst. Die Kinder daheim waren ziemliche Sexkiller oder, anders gesagt, meine Frau und ich begegneten uns fast nur als ‚Mutti' und ‚Vati' statt als Frau und Mann."

Das ist ein typischer Erschlaffungszustand der Partnerschaft in der jungen Ehe nach der Geburt des oder der ersten Kinder. Sie nehmen die Eltern rund um die Uhr in Anspruch. Die Eltern lassen sich das gefallen. Sie verzichten darauf, sich die Oma oder eine Babysitterin zu Hilfe zu holen, um einmal in der Woche einen freien Abend für das Kino oder ein

Abendessen auswärts zu genießen. Sie sind sozusagen nur noch schnelle Brüter. Sie verlieren sich als Mann und Frau aus dem Auge. Sexualität und Zärtlichkeit werden zur Mangelware. Die erste Krisen- und Scheidungswelle rollt. Ganz besonders schlimm wird es, wenn, wie in diesem Fall, Frau und Mann sich als „Vati" und „Mutti" titulieren. Er kann doch schlecht sagen: „Mutti, heute Nacht mache ich dir den Hengst."

Paul erinnerte sich in meiner Praxis: „Wir nahmen uns keine Zeit für uns. Wir gaben gemeinsame Interessen, wie Sprachkurse, Kino, Freundesbesuche, auf und versumpften irgendwie. Mit meinem ‚Schwabenglück' war plötzlich alles anders. Ich spürte über Nacht wieder, wie aufregend das Leben und die Liebe sein können. Wir schickten uns verliebte E-Mails und SMS' und planten bereits eine gemeinsame Zukunft. Als wir uns zum zweiten Mal beim Skilaufen trafen, stand ich kurz davor, meinen ehelichen Dienst zu quittieren."

Was dann geschah, schildert Paul in hochsymbolischer Verdichtung: „Auf einem vereisten Hang, den ich trotz der Warnungen meines Schwabenglücks leichtsinnig hinabjagte, stürzte ich und brach mir ein Bein. Ich hatte mich wohl zu sehr auf das Glatteis der Liebesverwirrung gewagt. Mit dem Hubschrauber wurde ich in das Hospital gebracht.

Nach Hause zurückgekehrt, genoss ich, mit meinem Gipsbein krankgeschrieben, einige Monate die Befreiung vom Beruf und vom Alltag."

In der psychosomatischen Medizin, repräsentiert durch Freud, C. G. Jung, Viktor von Weizsäcker, Georg Groddeck, Thure von Uexküll und Dr. Max Otto Bruker, ist der lebensbedingte („seelische") Anteil an organischen Krankheiten, auch simplen Frakturen, bekannt. Der Internist und Neurologe Viktor von Weizsäcker wurde berühmt durch seine Formulierung: „Der Mensch bekommt seine Krankheit nicht nur, er macht sie auch. Krankheit ist Können." Der Psychosomatiker und Arzt Dieter Beck wiederum konstatiert in seinem Buch *Krankheit als Selbstheilung. Wie körperliche Krankheiten ein Versuch zur seelischen Heilung sein können* (Frankfurt am Main 1981): „Körperliche Krankheiten stellen oft einen Versuch dar, eine seelische Verletzung auszugleichen, einen inneren Verlust zu reparieren oder einen unbewussten Konflikt zu lösen. Körperliches Leiden ist oft ein seelischer Selbstheilungsversuch."

Genau das lag bei Paul vor. Die Krankheit eröffnete ihm eine Chance der Selbstbegegnung und eines Neuanfangs. Er sagte über die Krankheit: „Sie war ein zweifaches Geschenk. Auf einmal konnte ich über mich nachdenken. Ich begriff, dass ich buchstäblich vor einem Hals- und Beinbruch meines

Lebens stand. Denn ich liebte doch meine Frau und meine wundervollen Kinder über alles. Dieses Gefühl der Verbundenheit mit ihnen war das zweite Geschenk meiner krankheitsbedingten Auszeit. Seit Jahren hatte ich nicht mehr so viel Zeit mit den Kindern, besonders aber mit meiner Frau, verbracht. Ich habe ihr dann meine Außenbeziehung offenbart. Diese beendete ich in diesen Tagen mit einer guten telefonischen Aussprache mit meiner Schwäbin. Ich bezeichne diese denkwürdigen Wochen heute noch als mein Saulus-Paulus-Erlebnis. Es war eine tiefgreifende Wandlung, die Wiedergeburt der Liebe zu meiner Frau."

Allerdings hatte Paul auch eine verständnisvolle und warmherzige Frau, die ihn nicht verdammte, sondern gemeinsam mit ihm aufarbeitete, was ihre Ehe so langweilig gemacht und den vorübergehenden Bruch der Ehe provoziert hatte. Kranksein ist Auszeit, Reflexion und Neubeginn – wenn sie denn begriffen wird. Sie ermöglicht uns, abgespaltene Persönlichkeitsanteile zu integrieren und unserem geheimen Groll und verborgenen Sehnsüchten auf die Spur zu kommen.

Paul kamen die Tränen, als er mir das gleichsam mystische Zentralerlebnis dieser Wochen schilderte: „Ich weiß nicht, wie mir geschah. An einem Morgen, als die Kleinen im Kindergarten waren, bat ich meine Frau, sich mir gegenüberzusetzen und nichts zu sagen. Ich habe etwa zehn Minuten lang, für mich war es eine Ewigkeit, ihr feines, liebes Gesicht betrachtet, das bereits von den ersten Altersfältchen melancholisch gezeichnet war. Ich begann zu weinen. Ich fühlte, sie war mein Schicksal."

Der bewusste Kranke löst sich vom Feindbild Krankheit. Er nimmt seine Verantwortung auf sich. Der Abschied von der Krankheit wird ihm zum Wendepunkt. Krankheiten sind zu wichtig, als dass wir sie nur den Ärzten überlassen dürfen. Der französische Romancier André Gide meinte: „Ich glaube, dass die Krankheiten Schlüssel sind, die uns gewisse Türen öffnen können. Ich glaube, es gibt gewisse Tore, die einzig die Krankheit öffnen kann."

Krankheit II

Der Anthroposoph und Dichter Christian Morgenstern (1871–1914) notiert in seinem Werk „Stufen": „Jede Krankheit hat ihren besonderen Sinn, denn jede Krankheit ist eine Reinigung; man muss nur herausbekommen, wovon."

Genauso erging es der 44-jährigen Ulla, als sie ratlos in meiner Praxis saß. Sie litt unter einer gelegentlich auftretenden Atemnot. Ulla: „Asthma ist es nicht. Mein Internist hat mir ein Cortison-Spray verschrieben. Es wirkt zwar aktuell, aber es beseitigt meine Atembeklemmung nicht. Ich ernähre mich vollwertig. Seelisch geht es mir eigentlich auch gut."

Das kleine Wörtchen „eigentlich", diese winzige semantische Einschränkung, brachte uns auf die therapeutische Spur. Denn Ulla war „eigentlich" durchaus nicht ganz und gar glücklich. Zwar hatte sie einen lieben Mann, zwei wohlgeratene Jungen, zwölf und zehn Jahre alt, und eine Ausbildung als Diätassistentin. Sie war klug, schlank und zum Anbeißen hübsch.

Aber etwas rumorte, psychoanalytisch gesprochen, zwischen ihrem Ideal-Ich und ihrem rigiden Über-Ich: Ihr Verhalten beim Sterben ihrer Mutter.

Ihr „Versagen", wie sie es nannte, versetzte sie in unheilvolle Spannung. Dagegen half auch kein Dosieraerosol.

Die Mutter war ein Jahr zuvor als schwere Asthmatikerin und zusätzlich von einem Schlaganfall getroffen in einem quälenden Prozess gestorben. Ulla hatte sie in dieser schmerzlichen Phase zwischen Leben und Tod nicht betreut. Sie steckte in der aufreibenden Gründungsphase eines neuen Berufes. Dazu später. Die Mutter wohnte 300 km weit weg. Ullas Vater und ihr jüngerer, am Ort lebender Bruder pflegten die Sterbende hingebungsvoll. Ulla telefonierte, solange es ging, täglich mit ihr. Ulla erinnerte sich: „Es war schrecklich. Ihr Atem kam nur stoßweise. Sie rang um Luft und war schwer verständlich. Sie litt entsetzlich."

Hier wird eine seelische Übertragung ins Körperliche sichtbar. Die psychosomatische Lehre nennt sie, erstmals bei Freud, eine „Konversion". Dem Konversionssymptom liegt die Fähigkeit unserer Seele zugrunde, Unbewusstes in der Körpersprache auszudrücken. Das können Gedanken, Fantasien oder Wünsche sein.

Bei Ulla war es die Trauer um die Mutter, die Sehnsucht nach ihr und eine Art respiratorische Selbstbestrafung („Ich darf nicht atmen"): Weil sie die Mutter, wie sie meinte, im Stich gelassen habe.

Gleichzeitig ahmte sie auf einer symbolischen Ebene die Atemnot der Mutter unbewusst nach. Ullas Krankheit war so gesehen eine verborgene reparative Sühneleistung: „Ich leide wie du."

Ein zweites Geschehen nahm Ulla in dieser Lebensphase die Luft – ihr beruflicher Umstieg von der fest angestellten Diätassistentin zur freien Unternehmerin, nämlich zur Betreiberin eines anspruchsvollen großen Bioladens. Das Geschäft lief schleppend an. Der Ladenkredit drückte. Außerdem geriet Ulla in eine atemnehmende (!) Zeitnot, weil sie sich auch noch um die Kinder kümmern musste und weil ihre einzige Angestellte erkrankt war.

Drittens war Ullas Konversionssymptom in ihrer Kindheit begründet. Ihre Eltern führten eine schlechte Ehe. Sie stritten sich häufig. Dabei versuchten beide, Ulla, das Ältere der beiden Kinder, auf ihre Seite zu ziehen. Ulla: „Ich stand fast ständig unter Spannung. Diese Schiedsrichterrolle belastete und überforderte mich. Es verschlug mir im Wortsinn die Stimme. Ich weiß noch, ich war häufig heiser ohne einen organischen Anlass."

Krankheiten sind, wie Dr. Max Otto Bruker in seinem Standardwerk *Lebensbedingte Krankheiten* betont, häufig spannungsbedingt. Sie spiegeln den malignen äußeren Druck wider. Wird die Luft der seelischen Freiheit dünn, dann keucht ein Mensch wie Ulla unter Atemnot. Eine psychosomatische Grundregel lautet: „Was wir nicht im Leben haben, das haben wir im Symptom."

Den Heilungsprozess Ullas kann ich in seiner Komplexität nur andeuten. Ulla setzte sich mit ihren Schuldgefühlen in einem imaginären Brief an ihre tote Mutter auseinander. Jetzt spürte sie deren Verständnis und Liebe. Einsamer Steppenwolf, der Ulla ein Leben lang gewesen war („Keiner wird mir helfen"), nahm sie erstmalig das großzügige finanzielle Stützungsangebot ihres Mannes für die Startphase des Ladens an. Sie stellte eine weitere Helferin ein.

Medizinisch heilte sie sich, indem sie als Asthmatikerin das für sie schädliche tierische Eiweiß (Fleisch, Fisch, Käse, Wurst, Eier, Milch, Quark, Joghurt) von ihrem Speiseplan strich. Vor allem aber durchlebte Ulla seelisch noch einmal in Trauer und Wut, in Begreifen und Verzeihen ihren emotionalen Missbrauch durch ihre Eltern. Wie lange hatte sie dieses kindliche Trauma verdrängt! Das war so weit gut gegangen, bis sich der dunkle Elternkomplex in der Krise fühlbar machte und ihr zusätzlich die Luft nahm.

Diesen Störfall der Verdrängung und Symptombildung beschrieb der Tübinger Psychiater und Konstitutionslehrer Ernst Kretschmer (1888 – 1964) (in *Psychotherapeutische Studien*, 1949) mit einem anschaulichen Bild: „Die alten Komplexe sind wie große Steine im Flussbett, die bei tiefem Wasserstand störend über die Oberfläche kommen. Steigt der Pegelstand weiter, so liegen dieselben Steine bedeutungslos auf dem Grund, und die Schiffe fahren ruhig oben weg."

Krankheit III

Krankheit ist oftmals eine schmerzhafte Konfrontation mit sich. Das erfuhr ich selbst am eigenen Leibe und an der eigenen Seele.

Ich will nicht immer über andere reden. Wie einschneidend es sein kann, das Rätsel einer seelisch mitbedingten Krankheit aufzulösen, das erfuhr ich an einem heiteren Sommertag. Dr. Max Otto Bruker, Ilse Gutjahr – meine heutige Frau – und ich wanderten die langgedehnten Serpentinen zu einer Alm im Allgäu hoch. Wir feierten einen Betriebsausflug. Die Kolleginnen vom GGB-Büro, der Küche und unserem emu-Verlag hatten die Seilbahn zu unserem Quartier, dem auf 1000 Meter Höhe gelegenen Berghotel, genommen. Unser Weg war simpel, weitgedehnt und umfasste einen Höhenunterschied von harmlosen 500 Metern.

Trotzdem begann ich immer stärker zu schnaufen, bald zu keuchen. Ich bekam keine Luft mehr. Ich litt seit einigen Wochen an etwas für mich völlig Ungewöhnlichem, dem Beginn eines Bronchialasthmas. Wer einmal einen asthmatischen Anfall erlebt hat, der weiß um die schauerliche Angst, die er auslöst. Nur mit Mühe erreichte ich die hochgelegene Hütte, während unser 85-jähriger Senior, wie wir

Dr. Bruker liebevoll nannten, wie eine junge Berggeiß den Hang anging. Oben angekommen, ließ ich mich kraftlos auf eine Bank im Freien fallen. Hochdramatisch sagte ich zu Dr. Bruker: „Ich kriege keine Luft mehr, du musst mir helfen. Ich glaube, ich muss sterben." Unter dem Sterben mache ich alter Hysteriker es grundsätzlich nicht.

Zu meinem Erstaunen sagte der Senior sinngemäß: „Das hat Zeit. Komm nach dem Abendessen zu mir." Es war 11 Uhr morgens! Ich war erbittert und entrüstet. „Das bedeutet unterlassene ärztliche Hilfeleistung", ergrimmte ich mich innerlich, „das gibt Gefängnis nicht unter zehn Jahren."

Natürlich erholte ich mich bald in der reinen Alpenluft auf meiner Bank. Nach dem Abendessen wandte ich mich an Dr. Bruker. „Nun setz dich erstmal hin", sagte er freundlich. Dann stellte er mir eine Frage, die so ungewöhnlich und „nichtmedizinisch" war, dass es mich förmlich aus den Bergstiefeln riss. Er sagte nämlich: „Mathias, wo nimmst du dir die Luft?"

Da wurde es mir heiß. In diesem Augenblick fühlte ich mich erschöpft und müde. Ich erkannte, dass ich mich in förmliche Arbeitswut verirrt hatte. Ich machte täglich acht Stunden Beratung, Vorträge am Abend, schrieb Bücher und beantwortete die zahlreiche Korrespondenz. Selbst viele Wochenenden waren mit meinen Selbsterfahrungsgruppen belegt. Ich war hektisch, nervös und kam nicht mehr zur Ruhe.

Diese Erkenntnis war schon schockierend genug. Schlimmer war es, als ich mich an diesem Tag und in den darauffolgenden Wochen dem Problem zuwandte, *warum* ich wie ein *Workaholic*, ein Arbeitssüchtiger, agierte. Ich erkannte voller Scham zwei Defizite, die tief in meiner Persönlichkeit verankert waren. Das erste war ein ausgewachsenes *Helfersyndrom*, wie es Wolfgang Schmidbauer in seinem berühmten Klassiker *Die hilflosen Helfer* analysiert hat. Alle, die in Helferberufen stehen, Krankenschwestern, Kindererzieherinnen, Lehrer, Ärzte, Therapeuten, Altenpfleger, Seelsorger, sollten es lesen. Sie erfahren darin etwas über Glanz und Elend des Helfens.

Helfen hat nicht nur eine strahlende Seite. Schmidbauer sagt einmal zugespitzt, in jedem Helfer steckt ein verwahrlostes Kind. Das heißt, der Helfer ist in der Gefahr, all das anderen Menschen zu geben, was er für sich selbst nicht vom Leben zu nehmen vermag. Er lässt ständig sein Seelenkonto ausplündern. Sein Geben und Nehmen steht nicht in einer gesunden Balance. Er sagt, „ich würde mein letztes Hemd verschenken". Das ist falsch. Der heilige Martin hat dem Bettler nicht den ganzen Mantel gegeben, sondern ihn in zwei Teile geschnitten und eine Hälfte des Mantels für sich behalten, um selbst nicht zu erfrieren. Das heißt, der Helfer muss lernen, auch gegen sich selbst fürsorglich zu sein und sich nicht zu verlieren.

Warum tut der Helfer das? Er ist oft in den Schichten seines Unbewussten ein depressiver Charakter. Sein geheimes Credo lautet: „Ich bin, weil ich helfe." Das will sagen, *nur* wenn ich helfe, habe ich ein Existenzrecht. Ich selbst bin eigentlich wertlos." Es ist ein tiefliegender Minderwertigkeitskomplex, der ihm im Elternhaus, in der Schule oder im Internat schmerzhaft zugefügt wurde. Dahinter verbirgt sich dann oft, wie ich an mir in diesen Wochen feststellen musste, komplementär ein zweites Defizit. Helfen bedeutet Macht. Helfen bedeutet Überlegenheit. Man kann sich am Helfen berauschen. Helfen nährt unheilvoll den Narzissmus eines Menschen.

Als zweites Defizit kam hinzu: Offensichtlich war ich in den vergangenen Jahren der unbewussten Auffassung gefolgt, ohne den grandiosen Mathias wäre die psychosoziale Versorgung der Bundesrepublik Deutschland und der angrenzenden deutschsprachigen Länder gefährdet. Von diesem hohen Ross musste ich herunter. Auch ohne mich, so erkannte ich, dreht sich die Sonne gleichmütig um unseren Erdball. Auch ohne mich können Menschen ihre seelischen Probleme angehen. Soooo wichtig bin ich nicht! Ich erinnerte mich in dieser Selbstreflexion auch unter Schmerzen daran, dass meine geliebte Mutter, eine Seelenärztin von Format und praktiziertem Humanismus, bis wenige Stunden vor ihrem Tod noch ihre Patienten betreut hatte. Sie war eine bienenfleißige Helferin, und ich bin ihr gefolgt. Dabei hätte ich so gewünscht, dass sie weniger gearbeitet und gesundheitlich mehr für sich selbst getan hätte. Aber ein Arzt darf ja selbst nicht krank sein. Das ist sozusagen der Point d'Honneur, der ärztliche Ehrenstandpunkt.

Der Körper ist ein Kampffeld. Die Seele schickt uns oftmals organische Krankheiten als Botschaften in verschlüsselter Form. Das ändert natürlich nichts daran, dass ich mich fehlernährt hatte und das für einen Asthmatiker so schädliche tierische Eiweiß in Massen konsumiert hatte. Darüber klärte mich Dr. Bruker natürlich gründlich ärztlich auf. Aber der seelische Anteil meines Bronchialasthmas war evident. Überdies belastete mich die anstehende Trennung von meiner ersten Frau.

Krankheit ist in diesem Sinn auch oft, wie die psychosomatische Medizin sagt, ein Ausdruck von vorhergehender lebensgeschichtlicher Kränkung. Wenn ein Mensch gestorben ist, dann sagen wir zum Beispiel: „Er ist an einem gebrochenen Herzen gestorben", oder „Sie hat sich eine Bürde aufgeladen, die ihr das Kreuz gebrochen hat". Manchmal ärgern wir uns krank, schlucken zu viel Kummer herunter, können etwas nicht verdauen, ein Übelstand liegt uns im Magen, wir zittern vor Angst, die Angst schnürt uns die Kehle zu, die Luft bleibt uns weg, wir platzen vor Wut oder bekommen kalte Füße.

Ob Appetitstörung, Bluthochdruck, Durchfall, Gastritis, Kopf- und Kreuzschmerzen, Herzrhythmusstörungen, Schwindel, Schilddrüsenstörung, Tinnitus, Schlaflosigkeit, Magen-Darm-Beschwerden, Übergewicht oder Verstopfung – hinter all diesen Beschwerdekomplexen können sich – müssen nicht – psychogene Ursachen oder sagen wir vorsichtiger Mitursachen verbergen.

Der weise Goethe sagte in seinen Schriften zu Faust I (*Paralipomena, Zürückgelassenes*) drastisch: „Veränderung ist schon alles. Krankheit (ist) das Mittel, ein Choc, damit die Natur nicht unterliege."

Leistungssucht

Fiona (34) war eine tüchtige Marketingfrau wie aus einem Prospekt: rank, schlank und ehrgeizig. Obwohl ihre beiden Kinder erst drei und ein Jahr alt waren, schmiss sie in einer Werbeagentur halbtags praktisch den ganzen Laden. Von ihrem Mann Enno konnte und wollte sie keine praktische Hilfe im Haushalt und bei der Kinderbetreuung annehmen.

Vormittags sprang ihre – öfters kränkelnde – Schwiegermutter ein, um die Kinder zu betreuen. Wenn diese krank war, eilte Fiona an den heimischen Computer und erledigte von dort aus ihren Beruf. Enno (42) hatte einen Spitzenjob in der Computerbranche. Er brachte gutes Geld heim. Er wollte seine steile Karriere fortsetzen. Vor der Ehe hatte Enno, korrekt wie er war, den Sachverhalt klargemacht: „Ich verdiene das große Geld, du hast die Verantwortung für die Kinder."

Warum kam Fiona in die Praxis? Sie litt an zwei Symptomen: chronisches Kopfweh und Leistungsschwäche. Fiona: „Ich fühle mich ständig übermüdet. Ich kriege den Kopf nicht mehr klar. Mein Jüngstes ist ein Schreikind und weckt mich mehrfach in der Nacht. Außerdem lege ich noch viel Computerarbeit in die späten Abendstunden. Mein Beruf ist mir außerordentlich wichtig. Ich kann nicht pausieren, sonst kriege ich die Entwicklung in meiner Branche nicht mit."

Sie ergänzte: „Die berufliche und die private Arbeit fällt mir zunehmend schwerer. Auch der Kaffee hilft mir nicht mehr. Ganz im Gegenteil, ich habe das Gefühl, je mehr ich mich mit Kaffee aufputsche, desto weniger hilft es. Auch ein Besuch bei meinem Hausarzt hat mir nicht weitergeholfen."

Was denn ihr Arzt unternommen hätte, wollte ich wissen. Fiona: „Er machte mit mir eine vierteljährliche Vitaminspritzenkur. Die musste ich aus der eigenen Tasche bezahlen, weil die Krankenkasse diese Maßnahme nicht anerkannte. Der Spaß hat mich über tausend Euro gekostet." Fiona war an einen Schulmediziner geraten. Sie war ihrer eigenen Medizingläubigkeit verfallen. Eugen Roth hat diese Naivität des medizinischen Laien mit dem Vers glossiert:

> *Der Kranke traut nur widerwillig*
> *dem Arzt, der's schmerzlos macht und billig.*
> *Lässt nie den alten Grundsatz rosten:*
> *Es muss a) wehtun, b) was kosten.*

Es ist eine Absurdität, Leistungsschwäche mit Kaffee bekämpfen zu wollen. Dr. Bruker sagte dazu:

„Man kann aus dem Organismus auf die Dauer nicht mehr Kräfte herausholen, als in ihm wohnen. Wohl aber kann man zeitlich verlagern; dass heißt, die augenblickliche Mehrleistung geht auf Kosten der Leistungsreserve."

Genau hier lag das Problem von Fiona: das *Überlastungssyndrom* der überforderten Frau. Fiona stieß auf ihre geheime Lebensproblematik; sie bedurfte einer sorgsamen seelischen Bearbeitung und Änderung der Lebenseinstellung.

Dr. Max Otto Bruker benennt das Problem in seiner vorzüglich klaren Kleinschrift *Vom Kaffee und seinen Wirkungen* so: „Für viele erscheint es zunächst bequemer, die Fehler in der Lebensführung bestehen zu lassen und die resultierende Dauerspannung durch das augenblickliche Linderungsmittel des Kaffees auszugleichen. Früher oder später zeigt es sich aber, dass man nicht ungestraft seinen Problemen ausweichen kann. Es ist wichtig, die Rolle des Genussmittels als untaugliche und bisweilen gefährliche Scheinlösung zu durchschauen."

Der Wissenschaftler Bruker verweist die Behauptung der Steigerung der Leistungsfähigkeit durch Kaffee in den Bereich der Fabeln: „Die stimmungshebenden Effekte des Kaffees beruhen neben dem Coffein auch auf den Wirkungen der Geschmacks- und Aromastoffe, der Chlorogensäure, des Röstkaffeefetts und der Forfurole. Diese stimulierende und euphorisierende Wirkung des Kaffees ist, neben seinem Gehalt an Aromastoffen, zweifellos der Grund, weshalb sich der Kaffee die Welt erobert hat. Im Widerspruch dazu haben alle Untersuchungen, die diese Leistungssteigerung zu objektivieren suchten, ergeben, dass im Endeffekt der Kaffee nicht zu einer Leistungssteigerung, sondern zu einer -minderung führt."

Worin bestanden nun bei Fiona die von Bruker angemahnten „Fehler in der Lebensführung"? Antwort: Fiona putschte sich mit Kaffee und Nachtarbeit auf, anstatt die Müdigkeit als Symptom dafür zu erkennen und zu akzeptieren, dass ihre Leistungsgrenze überschritten war. Eben deshalb rebellierte ihr geschundener Körper mit Kopfschmerzen. Der Körper ist nach Christian Morgenstern „der Übersetzer der Seele ins Sichtbare".

Als tiefstes Problem erwies sich Fionas nicht zu bremsender Leistungswille. Als ich sie fragte: „Leidest du unter Leistungs*sucht*", stimmte sie nach einigem Nachdenken betroffen zu. Was war die Ursache dieses toxischen Arbeitsverhaltens?

Fiona musste weinen, als sie mir ihr Jugenddrama erzählte. Zwei Jahre vor dem Abitur verstrickte sich die junge Fiona in eine ausweglose, von ihr geheim gehaltene Liebesaffäre mit einem dreißig Jahre älteren, verheirateten Mann. Der Vater von drei Kindern schwängerte sie. Fiona fuhr mit einer Freundin nach Holland und ließ, ohne Wissen ihrer Eltern, einen Schwangerschaftsabbruch vornehmen. Der Liebhaber verließ sie fluchtartig. Fiona wurde mit dem Erleben nicht fertig. Sie kränkelte und schwächelte. Ihre Eltern schickten sie zu verschiedenen Fachärzten. Sie diagnostizierten wahlweise „juvenile Entwicklungsschwierigkeiten", „vegetative Dystonie" oder „Bluthochdruck", statt Fionas Seelenlage zu erhellen.

Fiona schluckte tapfer Unmengen Tabletten und litt weiter. Auf sie traf zu, was der Wiener Chirurg August Bier einmal sarkastisch so formulierte: „Eine der größten Krankheitsursachen ist die Polypragmasia medicorum, die Neigung der Ärzte, viel zu verordnen."

Das Ergebnis war, Fiona schaffte das Abitur nicht. Ihre beiden älteren Brüder passierten mühelos das Gymnasium. Der eine wurde ein erfolgreicher Facharzt, der andere ein promovierter Volkswirt mit einer Spitzenposition in der Wirtschaft. Fiona schämte sich über ihre, wie sie sagte, „anspruchslose" kaufmännische Ausbildung. Sie fühlte sich als Versager.

Als sie endlich eine gute Position in einer Werbeagentur fand, arbeitete sie sich dort an die Spitze: Sie wollte mit den Brüdern gleichziehen und es ihnen zeigen! Dazu passte auch, dass Fiona sich in Enno, einen Aufsteiger, Karrieremann und von sich berauschten Narzissten als Mann wählte. Er sollte ihren Glanz verstärken. Als sogenannte *Komplementärnarzisstin* sagte sie sich, „mit dir Führungstier habe ich eine hervorgehobene Position in der Gesellschaft und gegenüber meinen Brüdern".

In der Paartherapie konnten Fiona und Enno das Geflecht dieser Verstrickungen erkennen und auflösen. Beide nahmen ihren extremen Leistungswillen zurück. Enno half im Haushalt und bei den Kindern. Der Kaffee verschwand aus dem alltäglichen Leben. Fiona hielt es mit Hippokrates: „Durch Enthaltsamkeit und Ruhe werden viele Krankheiten geheilt."

Liebe

Ich berichte so viel von Persönlichkeits- und Beziehungsstörungen. Dabei erlebe ich täglich auch Schönes, Ermutigendes. Zum Beispiel in der Liebe.

Finden ist Wiederfinden. In vielen Schilderungen, vor allem meiner männlichen Klienten, erfahre ich von dieser positiven Mutterassoziation bei ihrer Partnerwahl. Gregor (37), Installateur, erlebte dies bei seiner zweiten Frau. Gregor: „Meine erste Frau war gefühlskalt. Sie stammte aus einem lieblosen, zerrütteten Elternhaus. Sie war tüchtig, aber kopfgesteuert und herb. Sie wollte keine Kinder. Da sie aus ärmlichen Verhältnissen stammte – der Vater war ein Versager –, drehte es sich bei ihr alles um Geld. Es gab, von den ersten Wochen unserer Beziehung abgesehen, kaum Zärtlichkeit. Unsere Sexualität empfand ich als mechanisch. Nach sieben Jahren Ehe war ich gefühlsmäßig ausgehungert und innerlich am Ende. In meiner Freizeit hockte ich vor dem Fernseher. Ich begann zu trinken.

Dann begegnete ich Britta. Ich sollte ihr die Waschmaschine reparieren. Ich verliebte mich beim ersten Blick unsterblich in sie. Sie war so schön und angenehm füllig, wie ich es liebe. Das war es aber nicht allein. Britta stand nämlich in ihrem Garten und goss voller Sorgfalt ihre Tomatenstauden. Eine Katze rieb sich schnurrend an ihren Beinen. Britta bot mir nach der Reparatur eine Tasse Kaffee und ein Stück Erdbeerkuchen an. Diese Bilder der Zuwendung zur Natur und Kreatur und ihre Gastfreundschaft rührten mich unwiderstehlich an. Sie erinnerten mich an meine Mutter, die eine leidenschaftliche Gärtnerin und Tierliebhaberin war und uns Kinder mit wahren Tortenschlachten verwöhnte. Es war, als ob ich meiner kurz zuvor verstorbenen Mutter wieder begegnete."

Finden ist auch im Folgenden ein Wiederfinden: Margarethe (33), Chemielaborantin, verliebte sich, wie der Installateur Gregor, auf und mit dem ersten Blick. Vor ihren Augen entstand nämlich dabei ihr urmächtiges Vater-Tochter-Bild. Sie lernte Martin, einen blonden hübschen Pharmavertreter, auf der Geburtstagsparty ihrer Freundin kennen. Aber es war weniger seine raffaelsche Engelsgestalt, die sie entzückte, sondern vielmehr seine väterlichen Qualitäten.

Martin hockte nämlich, als Margarethe verspätet eintraf, in einem Kinderstühlchen und spielte mit der Tochter der Freundin hingebungsvoll Hoppehoppe-Reiter. Später las er der Kleinen mit viel Intonation und Schmackes das Grimmsche Geschwistermärchen „Die sechs Schwäne" vor. Er beachtete

Margarethe überhaupt nicht. Martin war in seine freudvolle Begegnung mit dem kleinen Mädchen versunken.

Margarethe: „Ich konnte meinen Blick nicht von diesem zärtlichen Mann lösen. Er schien mir wie mein Vater. Genauso hatte mein fröhlicher Vater mit mir als Kind gespielt, meine Nähe gesucht und mir Abend für Abend meine Lieblingsmärchen vorgelesen. Ich verliebte mich fast gegen meinen Willen in Martin, denn ich lebte noch in einer Beziehung, die allerdings ein ziemlicher Wackelpudding war. Ich wollte so, wie von meinem Vater, von Martin geliebt werden. Ich habe um ihn gekämpft wie eine Löwin. Er war zwar unverheiratet, aber mit einer Arbeitskollegin liiert."

Wie ging es weiter? Margarethe berichtet: „Heute liest Martin mir Märchen vor und spielt stundenlang Scrabble mit mir. Natürlich ist er nicht mein Vater. Manchmal zieht er sich tagelang innerlich zurück und ist kaum ansprechbar. Eine Idealehe sind wir sicher nicht. Aber über meinem Biedermeiersekretär, den mein Vater mir zu unserer Hochzeit schenkte, hängen zwei Fotos: Vater und Martin."

Die Liebe als Finden und Wiederfinden enthält gleichermaßen Elemente des Realen wie des Irrealen, des Erfahrenen wie der Projektion. Der Rückgriff auf unsere erste Liebe zu Mutter und Vater ist eine lebensnotwendige Erfahrung, aber von einer infantilen Erwartungshaltung und Glorifizierung oft nicht frei: Wir projizieren diese Sehnsüchte in der Champagnerstimmung der anfänglichen romantischen Liebe in unsere „Traumfrau" oder unseren „Traummann". Manchmal heiraten wir im Zustand der verminderten Zurechnungsfähigkeit.

Goethe schrieb an Riemer: „Die wenigsten Menschen lieben an dem anderen das, was er ist, nur das, was sie ihm leihen, sich, ihre Vorstellung von ihm, lieben sie." Diese Illusion kann beflügeln oder zum Absturz in die Desillusion und Ernüchterung führen.

Liebesverträge

Die Gemeinschaft der Liebenden wird in der „Postmoderne" zur Suchgemeinschaft, das Leben zur Baustelle, der Mensch zur Bastelexistenz. Deutlich ist mir dies geworden bei Ulrike (38), Erzieherin, und Stefan (41), Programmierer.

Nichts lief mehr bei ihnen, weder privat noch beruflich. Sie repräsentierten eine sogenannte Patchwork-Familie. Sie setzte sich in ihrem Fall aus je zwei Kindern aus den beiden ersten Ehen und aus einem gemeinsamen einjährigen Baby zusammen. Ulrike und Stefan trugen schwere Altlasten mit sich herum.

Ulrike war von ihrem ersten Mann noch während ihrer zweiten Schwangerschaft wegen einer jüngeren Frau verlassen worden. Sie musste entwürdigend um die gesetzlichen Unterhaltszahlungen kämpfen. Stefans Frau tötete sich mit einer Überdosis von Barbituraten, als die Ärzte nach einer beidseitigen Brustamputation das Auftreten neuer Krebsmetastasen diagnostizierten. In ihrem Abschiedsbrief hatte sie Stefan ans Herz gelegt, sich eine neue Frau als Partnerin und künftige Mutter der Kinder zu suchen.

Die Altlasten waren unerledigt geblieben. Ulrike verbarg unter der Firnis weiblichen Charmes eine abgrundtiefe Wut gegen die Rücksichtslosigkeit „der" Männer. Stefan hatte seine Trauer nicht leben dürfen. Er hatte sich stattdessen in eine mystische Religiosität geflüchtet.

Die Liebe der beiden drohte an dem Arbeitsdruck, den Ansprüchen der Kindererziehung und den drängenden Individuationswünschen des Paares zu versanden. Wie meist bewegte sich auch die Sexualität auf den Gefrierpunkt zu. Stefan meinte bitter: „Sex ist ein Fremdwort für uns geworden."

Die gnadenlose Wirtschaft des Globalismus verlangt den „flexiblen Menschen". Wer das Familienleben organisiert, ist den Profitstrategen gleichgültig: Ulrike arbeitete von 7.00 bis 12.00 Uhr an ihrer Arbeitsstelle im Kindergarten, während Stefan das Baby versorgte und die beiden schulpflichtigen Kinder in die Grundschule brachte und das Mittagessen kochte. Auf die Minute genau um 12.00 Uhr brach er in seine Firma auf, um kurz nach 19.00 Uhr wieder nach Hause zurückzukehren. Wäsche machen, bügeln, putzen, die Kinder ins Bett bringen besorgten sie beide gemeinsam. Es durfte allerdings keiner krank werden, dann geriet die generalstabsmäßige Logistik der Patchworkunternehmungen in Unordnung.

Dann wurde es kritisch. Stefan, ein tüchtiger Computerfachmann und arbeitsfroher Mensch, geriet immer stärker mit dem Chef seiner mittelständischen Firma aneinander. Dieser wünschte nicht nur, seinen Top-Mitarbeiter rund um die Uhr zur Verfügung zu haben, um der drängenden Auftragslage nachzukommen, sondern ihn auch zu wichtigen Firmenkontakten ins Ausland zu schicken. Stefan stand vor einem schweren Konflikt: „Soll ich die Kinder der Karriere opfern oder die Karriere den Kindern?"

In seiner Not verlegte sich Stefan auf das Beten. Das war das Krisenrepertoire seiner Kindheit. Umgekehrt steckte jedoch auch Ulrike in einer Krise. Ohnehin waren ihr die fünf Kinder über den Kopf gewachsen, genauer die zwei von Stefan eingebrachten Mädchen. Denn sie hingen ausschließlich an ihrem Vater und ließen sich nur von ihm etwas sagen. Sie lehnten die auf Disziplin drängende Ulrike nach klassischem Märchenschema als böse Stiefmutter ab. Ulrike sehnte sich außerdem nach mehr Zeit und nach einem Zimmer für sich.

Ulrike war voll Bitterkeit in der Sprechstunde: „Wenn Stefan das Angebot seines Chefs wahrnimmt, zehn Stunden am Tag im Büro verschwindet und sich auf Geschäftsreisen verflüchtigt, dann vertrottele ich hier zu Hause und verbringe meine nächsten zehn Jahre im Buschkrieg gegen seine eifersüchtigen Gören." Gören sagte sie. An der abschätzigen Bezeichnung ließ sich das Ausmaß ihrer Wut erahnen.

Beinahe wären Ulrike und Stefan abgestürzt und hätten sich getrennt. Stefan sah sich vor die Chance seines Lebens gestellt, eine einmalige Berufskarriere zu verwirklichen. Das war besonders wichtig für ihn, weil er bei seinem patriachalisch-gütigen Chef gleichsam einen Vater und damit Anerkennung und Förderung fand. In der ehelichen Kollusion, also dem neurotischen Zusammenspiel des beiderseitigen Unbewussten, hatte er aber die Rolle des unmündigen, gehorsamen kleineren Bruders übernommen. Er war in seiner Ursprungsfamilie der gegängelte Jüngste von drei Kindern gewesen …

Ulrike wiederum war ein Alpha-Tier, nämlich die Älteste von drei Geschwistern, die sie, wie sie erzählte, „wie ein General kommandierte". Während Stefan über einen schwachen „animus", also eine labile männliche Seele, verfügte, war Ulrikes „anima", ihre weibliche Seele, unterentwickelt.

Aus dieser Grundkonstellation erschien es mir wichtig, Stefans beruflich-männliche Konturierung zu stärken. Umgekehrt galt es aber auch, im Zusammenwirken mit Ulrike eine Lösung zu finden, ihr vorübergehend die verstärkte Mutterschaft zuzumuten, sie gleichzeitig zu entlasten und ihr eine familienunabhängige Eigenperspektive für die Zukunft zu eröffnen.

Das sagt sich so einfach. Dabei war es für alle

Beteiligten eine immense seelische Arbeit, die partnerschaftliche Verstrickung aufzulösen und die beiden „Gören" erfolgreich in die Familientherapie einzubeziehen. In der Paardynamik war bei Ulrike und Stefan die Schieflage unübersehbar. Die beiden betrieben ein vertikales hierarchisches Beziehungsmodell, in der Ulrike führte, die Werte bestimmte und Stefan wie ein Hilfsarbeiter gehorchte.

Ulrike hielt vom technischen Beruf ihres Mannes nichts. Das Technische, die digitale Logik der Computer-Philosophie, erschien ihr, wie sie sagte, „banal und ungeistig". Sie hielt Techniker für Flachköpfe. In der Therapie brachte ich sie dazu, sich vor ihrem Mann zu verbeugen und den Satz auszusprechen: „Stefan, ich achte dein großes Können und deine Leistung."

Stefan seinerseits war in der Ehe klammernd, klebrig, symbiotisch und kontrollierend. Er duldete keine Babysitterin, weil, wie er sagte, „die Kinder immer (?) Vater und Mutter brauchen". Außerdem wollte der Eifersüchtige Ulrike keinen Jazzdance erlauben. Tatsächlich agierte Stefan aus einem Minderwertigkeitskomplex. Er demonstrierte sein Erwachsenwerden in der Beziehung, als er sich auf dem Höhepunkt der Paartherapie vor Ulrike verneigte und den Satz aussprach: „Ich liebe dich, und ich werde dich nicht mehr klammern."

Es blieb die Aufgabe, einen schöpferischen Partnerstil und Paarraum zu schaffen. Das Paar selbst fand einen neuen „Beziehungsvertrag": Stefan wurde eingeräumt, seinen Beruf ganztägig zu erfüllen, aber, unter Hinweis auf die fünf Kinder, Geschäftsreisen auf ein Minimum zu beschränken. Durch die Gehaltserhöhung wurde vor allem Ulrike entlastet. Die beiden stellten ein Au-pair-Mädchen ein und verdreifachten die Stundenzahl der bereits vorhandenen Putzfrau.

Ulrike hielt den neuen Beziehungsvertrag sogar schriftlich in einem mehrfarbigen Computerausdruck fest. Höhepunkt der Abmachung war für Ulrike, als Stefan sich bereit erklärte, dass sie sich nach Ablauf von vier Jahren, „wenn die vier älteren Kinder aus dem Gröbsten heraus sind", durch eine Weiterbildung für eine Leitungsfunktion im sozialpädagogischen Bereich qualifizieren würde.

Am Ende der Paartherapie sagte Stefan, unter Zustimmung von Ulrike, zu mir: „Das war wie ein Erziehungsprozess. Wir haben unseren Weg gefunden. Die Liebe hat uns geleitet." Die postmoderne Beliebigkeit behält also nicht das letzte Wort. Es gibt, wie Ulrike und Stefan zeigen, eine Ethik, die aus der Liebe erwächst. Mit Goethe zu sprechen: „Glück ohne Ruh/Liebe bist du."

Männer: Handeln statt spüren

Mit dem Beruf verheiratet. Das sagt sich so leicht und mit einem Unterton von Bewunderung, vor allem über manche Männer. Wie doppeldeutig und gefährlich diese Heirat sein kann, erfuhr ich bei Tilmann.

Er kam nach einem physischen und psychischen Zusammenbruch in meine Praxis. Tilmann: „Ich bestehe nur noch aus Ängsten. Mehrfach am Tag zittere ich am ganzen Leib. Ich kann nicht schlafen. Ich bin apathisch und hoffnungslos. Ich kann mich zu nichts aufraffen. Ich grüble stundenlang. Ich weine häufig."

Was war geschehen? Der 39-jährige Betriebswirt hatte über Nacht seine Arbeit verloren. Der Besitzer seiner Firma hatte, für alle Arbeiter und Angestellten überraschend, Insolvenz angemeldet. Tilmann traf es wie ein Schock. Er reagierte mit einer reaktiven Depression und einem generalisierten Angstsyndrom.

Seine Frau erschrak, sie schickte Tilmann zum Neurologen. Der verschrieb ihm, nach einer viertelstündigen Konsultation, ein starkes Antidepressivum. Das Medikament nahm Tilmann zwar die Spitzen der Ängste und Depression, aber es beseitigte nicht die Ursachen seiner oberflächlich diagnostizierten „Nervenerkrankung". Es war, wie Dr. Bruker gesagt hätte, eine symptomatische Linderungsbehandlung.

Tilmanns Frau Agnes schickte ihn deshalb zu mir in die Beratung. Was lag, so fragten Tilmann und ich uns, hinter seiner so unverhältnismäßig groß scheinenden Seelenkrise?

Die Arbeitslosigkeit allein konnte es wohl kaum sein. Immerhin erhielt Tilmann aus dem Sozialplan eine gute Abfindung. Der Bezug des verhältnismäßig hohen Arbeitslosengeldes war gesichert. Aus dem frühen elterlichen Erbe, einer Immobilie, bezog er geregelte Mieteinnahmen. Mit seinen 39 Jahren fand der tüchtige Betriebswirt ein halbes Jahr später prompt eine neue Stelle, erfreulicherweise sogar zu besseren Konditionen. Warum warf diese absehbar vorübergehende Berufskrise Tilmann dann so aus der Spur?

Die Anamnese brachte das verborgene Drama Tilmanns an den Tag. Seine frühe Kindheit war unauffällig und positiv. Der Vater war zwar fast ständig als Ingenieur auf Montagearbeiten, aber die Mutter umhegte die beiden Söhne mit Liebe. An seinem zwei Jahre älteren Bruder hing Tilmann mit Bewunderung. Der schmerzhafte Bruch in Tilmanns Leben setzte exakt zu seinem 10. Geburtstag ein: Die familiäre Bombe platzte, als Tilmanns Mutter entdeckte,

dass ihr Mann auswärts eine Freundin hatte. Die Ehe geriet in eine schwere, zehn Jahre währende Krise. Die Eltern stritten sich wie die Kesselflicker. Der familiäre Friede war dahin. Der Vater reagierte jähzornig und ließ sich kaum mehr sehen. Er hielt an der Freundin fest.

Die Mutter wagte es nicht, sich scheiden zu lassen. Sie fürchtete den sozialen Absturz. Der Mann drohte nämlich, sich ins Ausland abzusetzen und keinerlei Unterhalt mehr zu zahlen. Tilmanns Mutter ging in die Opferhaltung. Sie reagierte depressiv, wurde verschattet und vergrämt. Aus der einst blühenden Frau wurde eine hilflose, verbitterte Schmerzensmutter.

Tilmanns geliebter älterer Bruder wurde zum Schulversager. Die Eltern schickten ihn auf ein Internat. Tilmann: „Diesen Trennungsschmerz habe ich nicht verwunden. Mein Bruder war meine andere Hälfte, mein Vorbild und mein Beschützer. Jetzt war ich meiner leidenden und mürrischen Mutter ausgeliefert."

Tilmann flüchtete. Er vergrub sich in die Arbeit. Es gab für ihn nur zwei Dinge: die Schule und der Sport. Von der Sexta bis zur Oberprima war er der Klassenprimus. Tilmann: „In den Schulnoten fand ich Anerkennung. Gleichzeitig waren die täglichen Schularbeiten wie eine Narkose für mich. Sie lenkten mich ab. Meine Mutter durfte mich nicht dabei stören."

Auch den Sport praktizierte der seelisch vereinsamte Junge, der auch unter dem Drama der Vaterentbehrung litt, wie eine Droge. Tilmann: „Ich betrieb Leistungssport, nicht Gemeinschaftssport. Als Leichtathletiker durchkämpfte ich verbissen den 100-Meter-Lauf, den 1000-Meter-Lauf, die Marathon-Läufe. Ich bestand nur aus Ehrgeiz und Rivalität. Ich wollte auch hier immer der Erste sein."

In Tilmanns Innerem herrschte Leere und Gefühlsarmut. Er verpanzerte sich. Mit Bravour bestand er das Abitur – und war ratlos. Was sollte er studieren?

Tilmann: „Ich hatte keine eigentlichen geistigen Interessen. Also konzentrierte ich mich auf den Erfolg. Das BWL-Studium absolvierte ich in Rekordzeit und mit Spitzennoten. Bereits ein halbes Jahr vor meinem Examen hatte ich den Anstellungsvertrag in meiner Firma. Ich rackerte, machte ununterbrochen Überstunden und absolvierte in meiner kargen Freizeit zahlreiche Fortbildungen.

Ein eigentliches Liebesleben hatte ich nicht, sondern nur sexuelle Affären. Ich heiratete auch mehr aus Vernunft. Natürlich freute ich mich über die Geburt meiner beiden Söhne. Aber, wie mein Vater, nahm ich mir kaum Zeit für sie. Auch den Sport gab ich auf."

Tilmanns Lebensgeschichte verrät sein emotionales und spirituelles Vakuum. Sein Bewältigungsstil hieß „Handeln statt spüren". Er war auf der Flucht vor sich selbst. Er ging eine Zwangsheirat mit seinem Beruf ein. Als sein Fluchtort Firma zusammenbrach, brach auch er zusammen. Er verfügte über kein emotionales Netzwerk von geistigen Interessen, familiärer Hingabe und Freunden. Er funktionierte nur noch. Sein Selbstwertgefühl basierte allein auf seinen beruflichen Aktivitäten.

Bereits mit zehn Jahren hatte Tilmann die Leib-Seele-Einheit verloren. Wie sagte der schlesische Arzt und Dichter Angelus Silesius (eigentlich Johann Scheffler) im 17. Jahrhundert:

> „Mein Geist, der trägt den Leib,
> der Leib, der trägt ihn wieder,
> lässt eins vom anderen ab,
> so fallen sie beide nieder."

Aktivität ist schön, aber wir dürfen nicht in sie fliehen. Tilmann lernte in der Therapie, sich selbst anzunehmen, sich gut zu bemuttern und zu bevatern. In der Psychologie nennt man das die *reparenting*, die *Nachbeelterung*. Tilman entdeckte sein inneres Kind. In der Zwangspause seiner halbjährigen Arbeitslosigkeit begann er, Mandoline zu lernen und Literatur und Philosophie für sich zu entdecken. Er nahm zum ersten Mal wirklich seine Frau und seine Kinder wahr. Im neuen Job begrenzte er die Überstunden. Er schuf stattdessen schöne Raum- und Zeitinseln für sich und seine Familie.

Am Ende der Therapie schenkte er mir ein Gedicht des lateinamerikanischen Befreiungstheologen Helder Camara:

> *Weißt du, warum du niemals innehältst?*
> *Du meinst vielleicht,*
> *es geschehe aus Verantwortungsgefühl,*
> *weil du keine Zeit zu verlieren hast,*
> *aus geringschätziger Ablehnung*
> *all dessen, was dich hindert,*
> *die flüchtige Lebenszeit*
> *aufs äußerste zu nutzen …*
> *In Wirklichkeit verleugnest du*
> *ganz einfach dich selbst,*
> *indem du versuchst,*
> *der Begegnung mit dir zu entgehen.*

Tilmann hatte begriffen. Die Depression machte sich aus dem Staub. Er war geheilt.

Minderwertigkeitskomplex

Evelyn begegnete mir vor Jahren in der Therapie. Ich musste erst einmal tief durchatmen, als ich sie zum ersten Mal sah. Denn Evelyn war eine Stewardess von geradezu makelloser Schönheit mit sonnigen goldbraunen Haaren und einem fein geschnittenen Gesicht, dazu mehrsprachig und so kultiviert, dass es einem Mann förmlich die Stimme verschlug. Sie war Mitte dreißig, ledig und kinderlos. Sie kam zu mir, weil es mit ihren Beziehungen durchaus nicht klappen wollte.

Wie das, fragte ich mich – jeder intelligente und halbwegs lebendige Mann sollte sich glücklich schätzen, in ihrer Nähe sein zu dürfen. Warum also steckte Evelyn in einem solchen Katzenjammer?

Die Geschichte ihrer gerade beendeten Liebe erwies sich als Ariadnefaden in ein wahres Labyrinth von Gefühlsinszenierungen. Gegenstand ihrer leidenden Begierde war Bert, ein verheirateter Pilot und Kapitän ihrer Luftfahrtgesellschaft. Bert war zehn Jahre älter. Er sah blendend aus, ein *James-Bond-Typ*, wie Evelyn schwärmerisch begründete. Mit Bert erlebte sie eine Liebe, die alle Facetten der Passion, also der Leidenschaft und des Leidens, trug.

Evelyn: „Als ich in Berts Crew kam, war ich 29 und hatte zwei längere, gescheiterte Beziehungen hinter mir. Als ich zum ersten Mal eine Tasse Kaffee ins Cockpit brachte, blieb mein Herz fast stehen. Wow, sah dieser Mann hinreißend aus! Fast zwei Meter lang, herbes, kantiges Männergesicht, blonde Haare, meerblaue Augen, ein Body wie ein Dressman, lange feingliedrige Hände. Er war sonnengebräunt und sportlich, Tennisspieler und Hochseesegler. Bert hatte als junger Mann als Pianist in einer Jazzband gespielt und begeisterte die ganze Crew, wenn er in irgendeiner Hotelbar in Canberra oder San Francisco am Flügel improvisierte. Die Mädchen an Bord waren alle in ihn verknallt. Ich auch, und das ganz besonders."

Dann geschah es: „Drei Wochen nach unserer ersten Begegnung im Cockpit haben wir uns im kanadischen Toronto zum ersten Mal geliebt. Das war die aufregendste Nacht meines Lebens. Es knisterte zwischen uns. Bert war von einer Leidenschaft für mich, dass ich hätte weinen mögen vor Glück. In mir schrie es: ‚Er hat dich auserwählt. Du bist seiner würdig! Was für eine Auszeichnung!'"

Auserwählt, ausgezeichnet, seiner würdig? Ich traute meinen Ohren nicht, als Evelyn die Geschichte ihrer erotischen Begegnung mit Bert als eine Art Gnadenakt des Mannes darstellte. Evelyn war schließlich alles andere als ein erotischer Sozialfall.

Und doch war sie nicht in der Lage, ihren eigenen „Selbst-Wert" wahrzunehmen.

Schließlich wurde aus der Leidenschaft Leiden. Bert verhielt sich Evelyn gegenüber abweisend. Sie spionierte ihm nach: „Ich bekam nicht nur heraus, dass Bert aktuell eine Affäre mit einer Kollegin hatte, sondern dass dies bei ihm Gewohnheit war. Er war sozusagen ein Serientäter. Alle in den wechselnden Crews hatten das gewusst, nur ich nicht, ich naive Kuh. Bert war der erotische Vagabund schlechthin und als Flugkapitän, baumlang und mit hübscher Uniform, ein weibliches Sammlerobjekt für scharfe One-Night-Stands. Ich war am Boden vernichtet."

Sieben Jahre hielt es Evelyn heimlich an der Seite des fliegenden Blaubarts aus. Sie war ihm hörig. Dann platzte ihr Dasein als Berts Geliebte. Die Ehefrau kam hinter die Affäre.

Aus der Anamnese ihrer Kindheit entschlüsselte sich das Drama: Evelyn hatte eine um fünf Jahre ältere Schwester und einen sieben Jahre jüngeren Bruder. Das waren die beiden Favoriten unter den Kindern. Die Älteste bestach durch ihre Intelligenz, Schulkarriere und Unternehmungslust, der Jüngste figurierte als geliebtes Nesthäkchen und Wonneproppen. Evelyn, eher schüchtern, war das Schattenkind, von Vater und Mutter wenig beachtet. Der Vater pflegte sich mit der „genialen" älteren Tochter zu schmücken. Er besprach mit ihr seine Eheprobleme und zog sie als Liebling auf seine Seite. Die Mutter, ob der Daueraffären ihres Mannes frustriert und nach der Scheidung alleinerziehend, war auf Evelyns Schönheit seit deren Pubertät eifersüchtig. Emotional hielt sie sich an dem jüngeren Bruder als „Ersatzmann" schadlos.

Obgleich schön und klug, kümmerte Evelyn im Schatten vor sich hin. Sie hatte lange Zeit keinen Freund und fühlte sich als ein Nichts. Sie hatte kein Bild ihrer eigenen Person, keine lustvolle Identität: Das angstneurotische Ich hat zu wenig Substanz und Kontur, es krankt an einer bedrohlichen inneren Leere. Abhängigkeitswünsche, Minderwertigkeitsgefühle, Selbstzweifel bestimmen dieses Ich.

Die Konsequenz liegt nahe: Wenn ich selbst über kein starkes Ich verfüge, dann borge ich mir eine erträumte Identität aus. Wie ein Parasit an einem fremden Wirtskörper partizipiere ich an der Großartigkeit des anderen. Um das zu erreichen, muss ich meinen Flugkapitän anhimmeln, anbeten, kritiklos idealisieren, in ihm aufgehen. Je kleiner ich bin, desto größer muss ein *Hilfs-Ich* von mir wie ein Luftballon aufgeblasen werden.

Evelyn meinte gegen Ende der Therapie, in der sie Selbstbewusstsein und weiblichen Mut errang, zu mir: *Bert rangierte für mich direkt nach Gottvater. Er warf seinen milden Glanz über mich. So wie sich vor 100 Jahren Frauen in Todesanzeigen als „Oberlokomotivführerswitwe" annoncierten, hätte ich mich am liebsten als „Frau Captain" titulieren lassen.*

Fazit: Wenn Frauen mit sich Frieden schließen, macht es ihnen plötzlich Spaß, eine Frau zu sein.

Mutterwunde

Was kann eine erwachsene Tochter, ein erwachsener Sohn tun, wenn der Groll über die Lieblosigkeit oder die Härte und Strenge einer Mutter ihn heute noch vergiftet?

Frauke (54), eine tüchtige studierte Reiseleiterin, grämte sich über ihre zu diesem Zeitpunkt 82-jährige Mutter: „Sie war immer streng zu mir. Sie hat mich nie (?) gelobt. Sie hat meinen Bruder bevorzugt. Ihn liebte sie ohne Ende. Mein Vater war Bergarbeiter und ist tödlich verunglückt, als ich zehn Jahre war. Auch heute noch ist mein Bruder ihr wichtiger als ich. Glaubst du, sie würde sich einmal über meine berufliche Professionalität, meine Erfolge, meine Vielsprachigkeit oder mein gutes Aussehen freuen? Stattdessen wirft sie mir nur vor, dass meine Männerbeziehungen in die Brüche gegangen sind und ich ihr kein Enkelkind beschert habe, wie mein Bruder mit seinen drei Kindern!" Frauke hatte sich in ihre Igelstacheln gegenüber der Mutter eingerollt.

Was tun? Ich entschloss mich, Frauke zwei Optionen im Verhältnis zu ihrer Mutter zur Entscheidung vorzulegen. Denn ob wir grollen und unversöhnlich sind, ob wir verzeihen und aus einer erwachsen gewordenen Mutter-Kind-Beziehung das Beste herausholen und innerlich Frieden schließen, das liegt in unserer Hand. Wir sind die Konstrukteure unserer Wirklichkeit. Wir sind die Gestalter unserer Beziehung. Wir können entscheiden, ob wir hassen oder lieben. Das macht, wie der große österreichische Psychiater und Humanist (und Suizidexperte) Erwin Ringel gesagt hat, die *Trotzmacht des Geistes* aus. Wir sind nicht einfach durch die Vergangenheit determiniert, sondern verfügen über eine gewisse, freilich oft eingeschränkte Willensfreiheit.

Die erste Möglichkeit, nämlich unversöhnlich zu bleiben, erläuterte ich ihr am Beispiel des früheren Eiskunstläufers und heutigen Schauspielers Hans-Jürgen Bäumler. Er wurde von der Zeitschrift *Bunte* (7/2006) gefragt: „War Ihre Mutter wirklich so schlimm?"

Er antwortete: „Man wird nicht mit zehn Jahren Jugendmeister im Eiskunstlauf, wenn man keine Eltern hat, die vom Ehrgeiz zerfressen sind und davon träumen, dass das Kind Olympisches Gold holt. Bei mir gab es nur Schule, Training, Drill und Verletzungen, aber keine Liebe und kein Verständnis. Die Bundeswehr war gnädiger. Aufgrund meiner Rückenprobleme wurde ich für untauglich erklärt."

Die *Bunte* hakte nach: „Konnten Sie nicht Nein sagen?"

Hans-Jürgen Bäumler erwiderte: „In den 50er- und 60er-Jahren hat man gehorcht, es gab keine Widerrede. Mein Vater war in russischer Kriegsgefangenschaft, meine Eltern geschieden. Ich war ein Einzelkind und hatte niemanden."

Hier ist kein Verständnis für die Lage der Mutter spürbar. Sicher war sie eine harte und disziplinierte Frau. Aber wenn sie heute noch einmal sprechen könnte, würde sie vielleicht sagen: „Hans-Jürgen, ich habe dein Bestes gewollt. Bist du nicht ein berühmter Einkunstläufer und danach ein angesehener Schauspieler geworden? Ich hatte es selbst so dreckig in meinem Leben. Krieg, Kriegsgefangenschaft meines Mannes und dann die Scheidung, schließlich die Situation als Geschiedene und alleinerziehende Mutter – das alles war in den damaligen Zeitumständen ein schweres Los. Ich wollte, dass du es einmal besser hast als ich. Du warst doch das Wichtigste in meinem Leben. Wenn ich sehr hart zu dir war, dann verzeih mir. Es geschah nicht in böser Absicht."

Meine eigene Mutter hat mich, der ich ein chronischer Schulversager war (sicher auch aufgrund der frühen Scheidung meiner Eltern und meiner mangelnden Betreuung), auf ein von Jesuiten geleitetes hartes, seelenloses „Spitzeninternat" in Österreich geschickt. Dadurch habe ich letztendlich und mit viel Mühe das humanistische Abitur absolviert. Das alles war hart, für sie und für mich. Sie hat es so entschieden. Wäre ich zu Hause geblieben, hätte ich vielleicht nie den Zugang zu einem Studium geschafft. Soll ich ihr grollen, der fleißigen Ärztin und alleinerziehenden Mutter von vier Kindern? Ich habe es getan. In der Psychotherapie wurde es wichtig für mich, auch meine Trauer und Wut über meine versaute Kindheit zu spüren. Inzwischen überwiegt aber meine Dankbarkeit gegenüber dieser ungewöhnlichen Frau und ärztlichen Humanistin. Ich bin stolz auf sie.

Die zweite Möglichkeit, das Bittere nicht zu vergessen, aber es in einen größeren Zusammenhang zu stellen und die Mutterwunde zu heilen, hat auch die Schauspielerin Anouschka Renzi für sich realisiert. Sie gestand nach dem Krebstod ihrer berühmten Künstlermutter Eva Renzi (in *Die Bunte*, 7/2006):

„Meine Mutter war nie wirklich stolz auf mich, sie hat mich ihr ganzes Leben kritisiert. Ich war ihr nie perfekt genug ... Es gab einmal ein Angebot für eine gemeinsame Theatertournee, das ich aber abgesagt habe, weil ich wochenlang Albträume hatte. Ich hatte Angst, mit meiner Mutter auf der Bühne zu stehen. Sie hat mich ja schon kritisiert und analysiert, wenn ich nur zu Hause einen Text gelesen habe. Sie hat mich nie als eigenständige Person betrachtet, sondern wollte aus mir ihr Eigentum und Ebenbild machen. Sie hat sich auch sonst in mein Leben eingemischt. Ihr gefielen meine Freunde nicht, sie konnte meinen Mann nicht leiden. Sie hatte an allem etwas auszusetzen, auch an der Erziehung meiner Tochter."

Anouschka Renzi gesteht aber auch: „Ich habe mich mit meiner Mutter kurz vor ihrem Tod versöhnt, ich habe ihr alles verziehen und war ihr in ihren letzten Wochen so nahe wie mein ganzes Leben nicht. Ich denke jeden Tag an sie. Sie ist noch sehr präsent in meinem Leben, denn ich habe sie sehr geliebt. Ich sehne mich auch sehr nach ihr in meinen Träumen, aber ich vermisse sie nicht in meinem Leben. Dazu war unsere Beziehung zu kompliziert."

Das ist in der Tat eine kluge und ehrbare Lösung: Die Einsicht, dass unsere Mutterbeziehung (oder Vaterbeziehung), wie jede andere Liebesbeziehung auch, kompliziert und widersprüchlich ist.

Frauke musste schlucken. Im Verlauf ihrer therapeutischen Arbeit lernte sie zu begreifen, dass die Mutter in ihrem Sohn ein Stück Mannersatz gesucht und gefunden hatte. Fraukes Bruder war seinem tragisch verunglückten Vater wie aus dem Gesicht geschnitten. Er besaß dessen fröhliche Ausstrahlung, handwerkliche Geschicklichkeit und sein Draufgängertum. Bei der Arbeit der Spurensuche entdeckte Frauke viele schöne Züge an ihrer Mutter und erkannte, dass die Mutter sie durchaus öfters gelobt und finanziell dafür gesorgt hatte, dass sie das Abitur machen und Fremdsprachen in England und Spanien studieren konnte.

Indem Frauke die Liebe zu ihrer Mutter wieder zuließ, gewann sie auch wieder ein liebendes Verhältnis zur Welt. Sie war so verhärtet gewesen, jetzt konnte sie ihre Verpanzerung abbauen und wie *Hans mein Igel* im Grimmschen Märchen ihre Igelhaut ablegen.

Mein Therapieziel für Frauke war es, wie in so vielen anderen Fällen, ihr zu helfen, eine schöpferische Haltung ihrem Leben gegenüber zu entwickeln. Ich stützte mich dabei auf Carl Gustav Jung, der als Arzt und Psychoanalytiker bekundete (in: *Ziele der Psychotherapie*, 1929, § 99):

„Die Wirkung, auf die ich hinziele, ist die Hervorbringung eines seelischen Zustandes, in welchem mein Patient anfängt, mit seinem Wesen zu experimentieren, wo nichts mehr für ihn gegeben und hoffnungslos versteinert ist, ein Zustand der Flüssigkeit, der Veränderung und des Werdens."

Nörgeln

"Ich habe immer nur Ärger", *wütete Gabriele in meiner Sprechstunde. Die 46-jährige Prokuristin nannte als die Quellen der permanenten Ärgernisse ihren Chef, den Mann und die Kinder.*

Mit einem nörgelnden Unterton in der Stimme, der mich hellhörig machte, klagte sie: „Mein Chef ist ein Antreiber. Er will alles am liebsten schon gestern erledigt haben. Er spricht ständig mit einem gereizten Ton zu mir. Mein Mann verpisst sich bei allen familiären Konflikten. Außerdem ist er im Haushalt ein fauler Hund. Meine pubertierenden Töchter lassen sich von mir bedienen und zicken gegen mich."

Was für eine arme Frau, hätte ich fast gedacht. Gabriele tat mir leid. Aber ich merkte auch, dass die fast einstündige Jammerarie und der beleidigte Tonfall einen Ärger in mir auslösten. In der Psychoanalyse nennt man das die *Gegenübertragung*. In meinem Unbehagen erinnerte ich mich, was ich von der bekannten Schweizer Psychotherapeutin Verena Kast in ihrem Buch *Vom Sinn des Ärgers* (1998) gelernt habe. Es gibt eine objektive und eine subjektive Seite des Ärgers, den Fremdanteil und den subjektiven Anteil. Also machte ich mich zusammen mit Gabriele auf die Suche nach des Rätsels Lösung.

Der Fremdanteil, also das missliche Verhalten von Chef, Mann und Kindern, lag auf der Hand. Da gab es nichts abzustreiten. Der Chef konnte ein ganz schöner Kotzbrocken sein. Er trieb sich und andere rücksichtslos bis zum Verbrauch der letzten Kräfte an. Ich hätte ihn nicht als Vorgesetzten haben wollen.

Der Ehemann, so stellte sich heraus, war als einziger Sohn mit zwei Schwestern schon als Kind die männliche Fettlebe und die Schonung vor allen „weiblichen" Hausarbeiten gewohnt. Er war ein netter Kerl, aber ein verwöhnter Sesselfurzer.

Die Töchter, nun ja, wer möchte sich nicht über zwei pubertierende „Terroristinnen" krank ärgern. Sie hatten nur Jungs im Kopf, schminkten sich den lieben langen Tag, blätterten in Modezeitschriften, hingen am Handy, fanden die Mutter „spießig", räuberten den Kühlschrank aus, zweigten für sich vom Haushaltsgeld ab, lagen vor dem Fernseher. Sie nutzen das Hotel Mama, all inclusive. Da hätte man schon eine Bombe zünden mögen, um die ganze Bagage Chef, Ehezausel und Zickentöchter in die Luft zu jagen.

So weit konnte ich Gabriele beipflichten. Aber was war der Eigenanteil ihres Ärgers? Wir fanden ihn gleich zweifach. Was ihren Antreiberchef anging, so räumte Gabriele im Laufe der Therapie ein, dass sie immer dann zu blockieren beginne, wenn er Druck auf sie ausübe: „Das habe ich schon als Kind gemacht und damit meine Eltern zur Weißglut gebracht. Ich muss lernen, mit Stresssituationen fertig zu werden und ohne Panik einen Gang höher zu schalten."

Mit dem Ehemann, nennen wir ihn Karl, stellte sich, als er in die Therapie hinzukam, heraus, dass die ärgerliche Lage etwas anders und zwiespältiger war, als von Gabriele dargestellt. Karl berichtete nämlich – und Gabriele stritt es nicht ab: „Ich habe dir so oft Hilfe im Haushalt angeboten und auch ohne Aufforderung abgespült, gestaubsaugt und die Familienwäsche gebügelt." Aber, so sagte er wütend: „Ich konnte es dir nie recht machen. Du bist eine Perfektionistin. Du hast mich immer nur kritisiert. Dann habe ich mich tatsächlich auf die faule Haut gelegt."

Beim Dauerkonflikt mit den Töchtern kam heraus: Gabriele hatte die Zwillinge von Anfang an vergöttert, überverwöhnt und nach Art eines Hotelzimmermädchens bedient. Gabriele: „Ich glaube, ich habe ihnen kaum Pflichten abverlangt. Jetzt kommt ihre Verwöhntheit wie ein Bumerang auf mich zurück."

Am Beispiel Gabrieles wird deutlich: Wir sind nicht nur passives Objekt und Opfer des Ärgers. Wir produzieren selbst Ärger. Wir sind auf eine unglückliche Art und Weise mit dem anderen verwickelt und verhakt. Oft eskaliert der Ärger auf beiden Seiten symmetrisch. Dabei wird noch eine unbewusste Tiefendimension des Ärgers deutlich. Nämlich die *Art*, wie wir unseren Ärger destruktiv und unbewusst ausdrücken.

Da waren Gabrieles entnervende Nörgelei und kleinen Provokationen. Nörgeln zählt zu dem Repertoire der *passiven Aggressionen:* Ich sage nie etwas gerade heraus. Ich scheue die offene Auseinandersetzung. Ich mime den Dauergekränkten. Ich mache mit dem Ton meiner Stimme, meiner Mimik und meiner Gestik die Umgebung sauer. Wenn ich darauf zur Rede gestellt werde, leugne ich meine Wut. Ärger ist die Unfähigkeit, Wut in Aktion umzusetzen.

Ihren Chef ärgerte Gabriele mit nörgelnden Zwischenbemerkungen, wie „Zum Lachen muss man hier in den Keller" oder „Das Betriebsklima schmilzt wie ein Eisberg in der Arktis". Gleichzeitig provozierte sie den Chef, indem sie demonstrativ bei hohem Arbeitsdruck langsamer arbeitete, ständig auf die Toilette ging und private Telefongespräche führte.

Gabriele war ein Nörgele. Den faulen Ehemann sah sie mit geschmerztem Blick an, jeder Zoll eine Schmerzensmutter. Die Töchter trieb sie mit den fast täglichen Hinweisen auf ihre Kopfwehanfälligkeit (sie war Kaffeetrinkerin) in die Flucht. Sie hatte tatsächlich häufig Kopfweh. Sie simulierte nicht. Aber in ihrem mitteilungsfreudig-dramatisierenden Stil plusterte sie die Beschwerden zu einem wahren Martyrium auf. Man nennt das die – meist unbewusste – Technik der *Aggravation*, der Symptomübertreibung (von lat. *gravis, schwer*).

Soweit das Kopfweh tatsächlich organisch vorlag, handelte es sich, wie wir herausfanden und abgesehen vom Koffeinmissbrauch, um die *Autoaggression* des chronischen Ärgerers. Ein seelischer Ärger, der kein Ventil findet, wendet sich als Organsymptom nach innen, frei nach dem bereits zitierten Wort des Psychosomatikers Viktor von Weizsäcker: „Der Mensch bekommt seine Krankheit nicht nur, er macht sie auch. Krankheit ist Können."

Was konnte Gabriele nun tun? Antwort: Nicht länger auf den Knien zu liegen, zu nörgeln, kleine Bosheiten wie Pfeile zu verschießen und zu leiden, sondern die *konstruktive Aggression* zu lernen. Ärger belebt. Ärger ist eine Energiequelle ersten Ranges. Wenn wir den Ärger richtig zulassen, ihn nicht dämpfen, sondern schärfen, mit der Emotion der Wut zuspitzen und unsere Grenzen deutlich machen, dann werden wir die ärgerliche Situation beenden.

Wir werden uns ändern, Selbstachtung gewinnen, uns neu positionieren und wohlfühlen.

Verena Kast sagt es klar: „Der Ärger energetisiert uns und macht uns mehr oder weniger dringlich darauf aufmerksam, dass etwas in unserer Selbstentfaltung oder in unserer Selbsterhaltung in Beziehung zu anderen Menschen und zur Welt nicht mehr stimmt, dass wir unsere Grenzen neu definieren oder anders mit ihnen umgehen müssen. Das bedeutet aber auch, dass der Ärger unabdingbar zum Menschsein gehört, bei dem es immer um Selbstbehauptung und um ein Aufgehobensein in einem Wir geht."

Gabriele wurde jetzt häufiger wütend. Der Chef, der Ehemann und die süßen Zickentöchter mussten sich warm anziehen.

Partnerwahl

Maria, 23, Altenpflegerin in Ausbildung, kommt zu mir in die Praxis. Sie ist eine mädchenhafte, schüchterne Erscheinung. Sie ist noch keine reife Frau.

Maria ist eingemummt in eine dick wattierte Winterjacke aus Polyester. Sie zieht sie während der ganzen Sitzung nicht aus. Maria ist doppelt unglücklich: „Ich kann mich an meiner Arbeitsstelle nicht wehren", sagt sie. Und: „Ich habe Angst, meinen Freund Michael zu verlieren". Etwas rätselhaft fügt sie hinzu: „Ich weiß eigentlich nicht richtig, ob er mein Freund ist."

Was ist los mit Maria? Ich bitte sie, in einer Skulptur darzustellen, wie sie sich fühlt. Maria setzt sich auf den Boden, starrt unter sich und verschränkt die Arme vor der Brust. Das heißt, in ihrem augenblicklichen Leben bewegt sie sich nicht, sondern bleibt unbeweglich. Sie schaut nicht nach vorne in die Zukunft, sondern sie grübelt in sich hinein. Sie benützt ihre – in der Altenpflege so geschickten – Hände nicht dazu, die Welt zu ergreifen, sondern schützt sich und wehrt Kontakt ab.

„Was fühlst du bei deiner Lebensskulptur im Herzen?", frage ich Maria leise. Sie antwortet – „Trauer."

Tatsächlich verhält sich Maria in ihrer Arbeit, vor allem aber in ihrer Beziehung wie in ihrer Skulptur: Sie bewegt sich nicht, sie spricht nicht aus der Tiefe, sie wehrt Bindung ab. Ein einziges Mal in den zwei Jahren ihrer „Beziehung" hat sie sich von Michael küssen lassen (!). Sexualität wehrt sie ab. Sie hat Angst vor Nähe. Dennoch gehen die beiden zweimal in der Woche mit ihrer Clique aus. Maria und Michael schweigen sich an.

Maria ist, so ergibt die Anamnese, ein geschädigtes Kind: Der Vater war Alkoholiker. Er war gewalttätig und zornig. Vor ihm hatte die kleine Maria Angst. Da sie die Älteste war, versuchte sie, die jüngeren Geschwister vor ihm zu schützen. Und die Mutter? „Sie ist eine fleißige, aber nüchterne Frau", meint Maria, „sie war immer sachlich zu mir, sie hat mich nicht gestreichelt."

Was war Marias Reaktion auf dieses familiäre Eiszeitklima? Sie hat sich verpanzert hinter der seelischen Winterjacke. Sie hatte und hat Minderwertigkeitskomplexe. Sie fühlt sich unattraktiv, obwohl sie eine kluge und zarte Frau ist. Ihre Selbstabwertung ist ihr zugefügt worden. Jetzt, wo es, zu Beginn ihres Erwachsenenalters, um Bindungsfähigkeit und „Mannbarkeit" geht, gerät sie in die Lebenskrise. Diese war überfällig. Kommt hinzu, dass Michael, wie sich bei der darauffolgenden

Paarsitzung herausstellt, ein lieber, aber gehemmter großer Junge von 22 Jahren ist. Die Mutter hat ihn nicht gewollt. Sie hat ihn deshalb zu seinen Großeltern gesteckt. „Mein Vater", sagt Michael, „hat sich früh vom Acker gemacht."

Auch Michael ist, wie Maria, in den seelischen Rückzug gegangen. Er hat, wie sie, nie konstruktive Aggression und Selbstbehauptung gelernt. Exakt das erweist sich denn auch als das neurotische Geheimnis ihrer Partnerwahl. Beide trauen sich keinen fordernden, erotisch und emotional stürmischen Partner zu: Mauerblume wählt Mauerblümchen. Beide schonen die Beziehung durch ihre Schneckenhausrückzüge fast bis zur Leblosigkeit. Bis sie es nicht mehr aushalten.

„Im Scheitern", sagt der Philosoph Karl Jaspers, „kommt der Mensch zu sich selbst". Dass Maria in ihrer Not und unter ihrem zunehmenden Leidensdruck mich, den Therapeuten, aufsucht und beim zweiten Mal ihren Michael mitbringt, ist der Anfang der Problemlösung. Innerhalb von genau drei Sitzungen spüren sie, was ihre Chance ist: Sie gestehen sich ihre Liebe. Sie gehen aufeinander zu. Sie gönnen sich Zärtlichkeit und huldigen am Ende dem Gotte Eros. Ihr Selbstbewusstsein wächst, auch ihre Konfliktfähigkeit. Von der passiven Verhärtung gehen sie in die Öffnung ihrer Seelen.

Nach so viel Einsamkeit, Trauer und Abweisung begreifen Maria und Michael, was die von den Nazis verfolgte große jüdische Lyrikerin Hilde Domin (1909 – 2006) als das Geheimnis des Lebens rühmt:

> *Nicht müde werden*
> *sondern dem Wunder*
> *leise*
> *wie einem Vogel*
> *die Hand hinhalten.*

Prüfungsneurose

Was unterscheidet die Prüfungsangst von einer Prüfungsneurose? In den meisten Fällen, so erleben wir das im Abschlussexamen unserer angehenden Gesundheitsberater GGB, ist eine gewisse Prüfungsangst normal.

Erwachsene Menschen, oftmals selbst Mütter und Väter von Kindern, erleben sich regressiv, das heißt in die Prüfungsära ihrer Schule, der Lehre oder der Universität zurück – und den forschenden Fragen übermächtiger Fachautoritäten ausgesetzt. Wer lässt sich schon gerne auf Herz und Nieren prüfen. Noch immer empfinden viele dann das Scheitern im Examen als ein persönliches und unentschuldbares Versagen, obgleich vielleicht einfach die Vorbereitungszeit zu kurz angelegt war. Wir jedenfalls im Dr.-Bruker-Gesundheitszentrum freuen uns über jeden, der einige Monate später wohlgelaunt zur – fast immer – erfolgreichen Nachprüfung erscheint. Bedenklich wird die Prüfungsangst allerdings, wenn sie traumatische Verletzungen der Kindheit, tief sitzende Minderwertigkeitskomplexe und Lebensblockaden sichtbar macht.

Der „ewige Student" Julian betrat 31-jährig (!) erstmals meine Praxis. Er war verzweifelt: „Ich studiere seit dem 21. Lebensjahr Jura. Ich bin jetzt im 20. Semester. Ich habe alle meine Scheine zusammen, aber ich wage es nicht, in das Staatsexamen zu gehen. Seit Jahren schiebe ich die Prüfung hinaus. Nun hat mein Vater gedroht, mir den monatlichen Wechsel zu entziehen. Darauf habe ich mich für das Examen angemeldet, bin aber im letzten Moment mit einem getürkten Krankheitsattest wieder abgesprungen. Was soll ich tun? Ich fürchte das Examen wie den Tod."

Bei der Examensvorbereitung erlebte sich Julian zwiespältig: „Ich sitze seit Monaten Tag für Tag und meist bis in die Nacht hinein vor den Lehrbüchern. Ich versage mir Freizeit und jedes Vergnügen. Die Beziehung zu meiner langjährigen Freundin, die inzwischen als Richterin arbeitet, ist über meine Bummelei in die Brüche gegangen. Ich starre in das Lehrbuch, aber ich nehme es nicht auf. Irgendetwas wehrt sich in mir gegen das Lernen, meine Gedanken sind ganz woanders."

Konnte oder wollte Julian nicht lernen? Die Antwort ist verzwickt: Er wollte es und wollte es zugleich nicht. Zwei Seelen, eine Jasagerin und eine Neinsagerin, wohnten in seiner Brust. Die Jasagerin motivierte ihn: „Ich bin es meinem Vater, der so viel in mich investiert hat, schuldig, das Studium zu beenden." Das war, freudianisch gesprochen, sein strenges *Über-Ich*, die Stimme seines disziplinierten und dressierten Bewusstseins.

DAS JÜNGSTE GERICHT

Die Neinsagerin demotivierte ihn: „Eigentlich will ich gar nicht. Der ganze Kram passt mir nicht." Das war die Stimme seines *Es*, der Verzweiflungsschrei seines Unbewussten.

Genauso beschreibt es der verstorbene österreichische Psychiater Erwin Ringel in seinem Standardwerk *Selbstschädigung durch Neurose* (Erstauflage 1973): „Wollte man versuchen, in einer knappen Definition das Wesen Neurose anzudeuten, so dürfte man sagen, dass sie durch einen *innerseelischen Konflikt zwischen bewussten und unbewussten Tendenzen* im Menschen gekennzeichnet ist … Die Neurose ist nicht durch irgendwelche pathologischen Veränderungen des Gehirns oder der Nerven bedingt, sondern vielmehr durch unbewusste seelische Tendenzen, deren der Einzelne nicht Herr wird."

Welcher unbewussten seelischen Tendenzen wurde Julian nicht Herr? Ein Stoßgebet an die heilige Rita von Cascia (gestorben 1457), der Patronin der Examenskandidaten, hätte wohl nichts gebracht. Nur eine aufdeckende therapeutische Arbeit brachte das Seelenrätsel an den Tag.

Julian hatte einen autoritären und despotischen Vater. Er war ein blendender Jurist und Inhaber einer renommierten Kanzlei. Er trieb seine beiden Söhne – Julian war der jüngere – zu Lernen und Leistung an. Als Julian in der Pubertät schulisch nachließ, weil er sich für Mädchen und Musik zu interessieren begann, schickte ihn der Vater auf ein Internat. Julian: „Ich verlor meine Freundin, meine Freunde und den geliebten Klavierunterricht. Es waren fünf Jahre inneres Exil."

Lange verhielt sich Julian äußerlich angepasst und wagte nicht, auf dem geistlichen Konvikt aufzumucken, weil er die Strafe seines Vaters fürchtete. Dann revoltierte er und bekam prompt das *consilium abeundi*, den Beschluss, gehen zu müssen. Der Vater schlug ihn windelweich. Julian reagierte auf seine Art, nämlich psychosomatisch, mit Migräne und einer chronifizierten Gastritis. Er blieb zweimal sitzen, das letzte Mal beim ersten Abiturangang. Nach dem verspäteten Abitur entzog er sich erst einmal unter dem Vorwand, Sprachen zu lernen, ein Jahr nach Kanada.

Dann holte die Vaterneurose Julian ein. Der Vater hatte ursprünglich den älteren Bruder zum Jurastudium und zu seinem Nachfolger in der Kanzlei verdonnert. Der Bruder schmiss jedoch nach acht Semestern das Jurastudium, wechselte auf eine Fachhochschule und wurde Sozialarbeiter. Der Vater tobte. Nun kommandierte er Julian zum Jurastudium und zu seinem potentiellen Kanzleinachfolger.

Julian geriet in eine Zwickmühle: Einerseits wollte er gar nicht. Er wäre lieber auf ein Konservatorium gegangen, um eine Pianistenausbildung zu machen. Er spürte aber, dass seine Begabung dazu nicht reichte. Alles in ihm sträubte sich, wie er sagte, gegen die „trockene Juristerei". Andererseits hatte Julian mächtig Manschetten vor seinem Vater; er wollte ihn nicht enttäuschen. Also akzeptierte er widerwillig die Notwendigkeit eines Brotberufes.

Weil Julian dem Vater gehorchen wollte, wählte er das Studienfach Jura. Weil ihm das Studienfach unerwünscht war, suchte sich die ins Unbewusste verdrängte Ablehnung durch einen Prüfungsmisserfolg durchzusetzen. Ringel sagt es in einem ähnlichen Fall so: „Das Studium zieht sich in die Länge, die Ungeduld der Eltern, besonders des Vaters, wird größer, der Druck stärker, doch endlich ‚weiterzumachen' – und gerade mit dieser Druckerhöhung wird auch der Widerstand größer, das heißt die Symptomatik der Prüfungsneurose nimmt zu." Und: „Eine Prüfungsneurose ist nur dort gegeben, wo dem bewussten Willen, die Prüfung zu bestehen, ein ebenso starker unbewusster gegenübersteht, der entschlossen ist, den Erfolg zu verhindern. Und hier ist ... der Vergleich mit dem Auto berechtigt, dessen Lenker gleichzeitig auf das Gaspedal *und* auf die Bremse tritt ..."

Julian wollte der gute Sohn sein und wurde zugleich zum „bösen". Seine Schuldgefühle waren groß. Er bestrafte sich selbst und seinen Vater mit seiner unbewussten Leistungsverweigerung. Seine Persönlichkeit wurde leer. Sie kreiste nur noch um das Prüfungsdilemma, frei nach dem Wort des Arztes und Dichters Gottfried Benn: „Wir hängen an unseren Neurosen, sonst hätten wir gar nichts mehr."

Die aufdeckende Therapie ließ Julian seine Seelenfalle erkennen. Er lernte, sich von seinem Vater abzugrenzen und einen eigenständigen Weg zu gehen. Er bestand sein Examen. Er ließ aber die Kanzlei des Vaters links liegen, arbeitete mit seiner juristischen Qualifikation in einem Reiseunternehmen und spielte in seiner Freizeit Klavier in einer Jazzband.

Schlafstörung

Häufig berichten mir Patienten von ihrer „Schlaflosigkeit". Da übertreiben sie natürlich. Wenn ein Mensch wirklich schlaflos wäre und, wie er behauptet, „wochenlang kein Auge zutut", dann wäre er mit Sicherheit klinisch tot.

Der totale Schlafentzug ist, wie ihn skrupellose Wissenschaftler in grausamen Tierversuchen gezeigt haben, in denen sie Ratten einer Dauerbeschallung unterzogen, tödlich. Tatsächlich leidet der Patient unter einer *Schlafstörung*. Diese ist schlimm genug und zermürbt ihn. Was kann man dagegen tun?

Herbert (52) kam wegen seiner „Schlaflosigkeit" zu mir. Wir waren beide zunächst ratlos. Denn sein Unternehmen war, wie er stolz sagte, „wieder in den schwarzen Zahlen". Die Ehe lief erfreulich. Die beiden erwachsenen Kinder hatten erfolgreich ihre Ausbildung absolviert. Der Sohn stand zur Übernahme der Druckerei bereit. Das kleine Wörtchen „wieder" machte mich stutzig. Also musste es mit dem Betrieb vorher bergab gegangen sein. Könnte das anfänglich die Schlafstörung ausgelöst haben?

Medizinische Symptome haben oft einen psychosomatischen, also leibseelischen Ursprung. Wer in der Außenwelt gestört wurde, stört kurz darauf selbst, sei es durch ein neurotisches Fehlverhalten oder durch ein Symptom. Ein Kind hat zum Beispiel im Regelfall eine harmonische *Schlafstruktur*. Es ratzt durch die Nacht wie ein Bär im Winterschlaf. Schleppt es jedoch etwa eine Angst oder eine Kränkung mit sich herum, reagiert es nächtlings mit Alpträumen und wiederholtem Aufwachen, kurz einer strapaziösen *Arrhythmie* seines Schlafes. Ein Erwachsener schläft manchmal aus ganz trivialen Gründen nicht durch, weil er kurz vor dem Einschlafen schwer gegessen oder Bohnenkaffee getrunken hat. Wie sagt das afrikanische Sprichwort: „Schlafen die Gedärme nicht, schläft auch der Mensch nicht."

Tatsächlich hatte Herberts Schlafstörung begonnen, als zwei Jahre zuvor sein Betrieb vor der Insolvenz stand. Herbert war unverschuldet in diese Krise geraten. Infolge der wirtschaftlichen Rezession waren einige Großkunden, die er jahrelang beliefert hatte, abgesprungen und er zum Teil zahlungsunfähig geworden.

Herbert: „Die Situation war furchtbar für mich. Meine Druckerei ist drei Generationen alt. Ich bin von Kind an fleißig, lege selbst Hand an und habe gute Mitarbeiter. Jetzt musste ich mehrere Arbeiter entlassen. Die Banken gaben mir keinen weiteren Kredit. Der Maschinenpark meiner Druckerei, erst vor kurzem modernisiert, war nicht abgezahlt. Ich bin schier verzweifelt. Ich war oft schon um fünf Uhr morgens in meinem Büro. Tagsüber telefonierte ich bis in die Nachstunden, um neue Kunden für Druckaufträge zu akquirieren. Das war alles umsonst. Der drohende Bankrott raubte mir den Schlaf."

Weil Herbert vor innerer Spannung nicht mehr schlafen konnte, war er tagsüber schläfrig. Seine Müdigkeit bekämpfte er mit einem zunehmenden Konsum von Kaffee. Herbert: „Die Kaffeemaschine lief den ganzen Tag neben meinem Schreibtisch. Im Schnitt habe ich vormittags fünf große Becher, nachmittags fünf Becher und abends noch einmal fünf Becher Bohnenkaffee getrunken. Ich war überreizt und hellwach."

An Herberts Beispiel zeigte sich ein Teufelskreis. Die Schlaflosigkeit hat eine Ursache. Sie wird nicht beseitigt. Schlaflosigkeit führt zur Müdigkeit. Diese Müdigkeit wird mit dem Aufputschmittel Koffein bekämpft. Die Droge Kaffee wiederum behindert den lösenden Schlaf. Schlaftabletten verschlimmern nur die Situation.

Nun setzt häufig der Schlaf wieder ein, wenn die Ursache der Schlafstörung beseitigt ist. Vor einem Examen schlafen wir unruhig, nach bestandener Prüfung labt uns wieder der Schlaf. Warum aber bleibt bei vielen Menschen, wie bei Herbert, die Schlafstörung trotz der Beseitigung ihrer Ursachen?

Herbert und ich begaben uns auf die Suche nach den Ursachen seiner *Insomnie (chronische Schlaflosigkeit; von lat. somnus, Schlaf).*

Es waren gleich drei Ursachen, die wir fanden. Erstens hatte er zwar seinen Kaffeekonsum eingeschränkt, aber noch immer putschte er sich von morgens bis abends mit 4 – 5 Cappuccinos auf.

Über die Droge Kaffee schreibt Dr. M. O. Bruker (in *Kopfschmerzen, Migräne, Schlaflosigkeit*): „Denn auch der angeblich völlig Schlaflose schläft, nur nicht zu der Zeit, da er es wünscht. Wer wieder gut schlafen will, sollte sich aller Drogen und Genussmittel enthalten, die in den *Schlaf-Wach-Rhythmus* eingreifen können. Am störendsten wirken hier Kaffee und Tee. Diese Anregungsmittel werden meistens genossen. Da sich die Schlafstörung aber erst nachts bemerkbar macht, also fast einen Tag später, kann der Kranke kaum verstehen, dass Kaffee oder Tee, der morgens genossen wird, einen Einfluss auf seinen Schlaf haben soll."

Zweitens hatte sich Herbert angewöhnt, nach dem Mittagsessen einen einstündigen Mittagsschlaf einzulegen. Das hatte zur Folge, dass er bis nach Mitternacht nicht müde wurde, weil er noch zu viel auf dem *Schlafkonto* hatte. Das ist der Sündenfall vieler sogenannter *Insomniker*, das heißt chronisch Schlafloser. Sie lassen die „Disziplinlosigkeit" des

Körpers zu, der sich seinen Schlaf nach eigenem Gutdünken holt. Das ist wie ein Kind, das ständig zwischendurch Schleckereien zu sich nimmt und deswegen bei den Hauptmahlzeiten nicht richtig isst. Der Körper gewöhnt sich rasch an diese Form der Schlafschluderei.

Drittens hatte sich Herbert auf seine *Bettangst* fixiert. Er lauerte auf das Einschlafen. Er fürchtete sich vor der Schlaflosigkeit und kam daher aus seiner *Erwartungsangst* nicht heraus. Er versuchte, sich zum Schlafen zu zwingen. Das ist aber grottenfalsch. Denn der Schlaf bedeutet ja im Gegenteil die völlige Entspanntheit und das Versinken in die Unbewusstheit, eine Art von Trancezustand. Gut schlafen bedeutet, ein Urvertrauen zu haben in die Welt und die Selbstregeneration. Der Dramatiker Friedrich Hebbel sagte in seinen Tagebüchern (1839): „Schlaf ist ein Hineinkriechen des Menschen in sich selbst."

Den Schlaf kann man nicht diktieren. Der Schriftsteller Heinrich Spoerl (1887 – 1955) sagt es (in *Vom Schlafen*) so: „Wenn man aus inneren Gründen nicht schlafen kann: Um Himmels willen nicht schlafen wollen, nicht mit geballten Fäusten bis 37486 zählen! Sondern aus der Not eine Tugend machen! Man braucht ja nicht zu schlafen. Es ist auch so ganz hübsch. Nur nicht Wollen wollen; der Wille ist der ärgste Widersacher des Schlafes."

Die Schlafstörung ist eine spannungsbedingte Krankheit oder wie Dr. Bruker sagt: „Die wichtigste Behandlung der Schlafstörung besteht also in der Behandlung der ursächlichen Grundkrankheit." Der Schlafgestörte darf darüber hinaus vor dem Einschlafen an alles andere denken als an das Einschlafen. M. O. Bruker: „ Der Schlaf ist ein Geschenk, das nur der gnädig empfängt, der es nicht fordert."

Herbert fand wieder zum *Schlafrhythmus* zurück. Es gelang ihm dies, allerdings erst nach einigen Monaten, durch eine Kombination mehrerer Methoden. Er praktizierte vor dem Einschlafen eine kalte Ganzkörperwaschung nach Kneipp. Er nahm homöopathische Mittel. Er unterstützte seine Entspannung durch autogenes Training. Schließlich setzte er den Kaffee ganz ab.

Besonders half Herbert ein *Schlaftraining*. Was ist das? Ich empfahl Herbert, auf den Mittagsschlaf zu verzichten und zwei Wochen lang seinen Nachtschlaf auf die Zeit von 24.00 Uhr bis 6.00 Uhr zu beschränken. Das wurde dem Körper bald zu wenig. Er konnte sich den Luxus nicht mehr leisten, die Zeit zu vertrödeln.

Herbert berichtete mir: „ Ich erwartete den mitternächtlichen Schlag meiner Standuhr von Nacht zu Nacht mit mehr Ungeduld und vertrieb mir die Wartezeit mit Büroarbeit. Dann schlief ich wie ein Bär durch und kam um 6.00 Uhr morgens kaum aus dem Bett heraus." Vorsichtig, viertel Stunde um viertel Stunde, verlängerte er daraufhin die Schlafzeit nach vorne und nach hinten, bis er seinen ursprünglichen Schlafrhythmus von sieben Stunden wieder erreicht hatte. Jetzt genoss Herbert das Geschenk des Schlafes. Goethe beschreibt es so:

Süßer Schlaf, du kommst wie reines Glück,
ungebeten, unerfleht am willigsten.
Du lösest die Knoten strenger Gedanken,
verwischest alle Bilder der Freude und des Schmerzes;
wir versinken und hören auf zu sein.

Selbsttötung

Zu den schwersten Aufgaben in meiner Praxis zählt die Begleitung von Frauen und Männern, die einen Angehörigen betrauern, der sich umgebracht hat.

Da hat sich eine Mutter von zwei Kindern, zugleich geliebte Großmutter, in einem Fluss ertränkt. Die Tochter weint. Da trinkt ein Vater, 42, eine Flasche Cognac leer und legt sich auf die Gleise vor den Zug. Der Sohn, 18, kann es nicht fassen. Da springt eine kaufmännische Angestellte, 32, vom Dach eines Hochhauses. Ihre Zwillingsschwester, halb wahnsinnig vor Schmerz, muss in eine psychosomatische Klinik.

Trifft das Wort „Trauer" den ganzen Sachverhalt? Mit Sicherheit nicht. Tochter, Sohn und Schwester trauern nicht nur. Sie sind *wütend* darüber, was ihnen durch den Suizid angetan wurde. Sie empfinden *Groll*, dass sie sich nicht verabschieden konnten. Sie haben *Schuldgefühle*: „Haben wir die Alarmsignale überhört?" Sie sind *desorientiert*: „Welchen Sinn hat dieser ‚Selbstmord'? Müssen wir die ‚Blamage' vertuschen?"

Die Tochter, der Sohn und die Zwillingsschwester haben bei mir den Weg der Aufarbeitung des Familiendramas gewagt. Dieser Seelenprozess begann bereits mit der Semantik, der Bezeichnung des Geschehens „Selbstmord". Hat denn der so tragisch Geendete „gemordet"? Aber definiert nicht, wie bereits früher von mir ausgeführt, das Strafrecht den Mord als „vorsätzliche Tötung" eines Menschen aus „Mordlust", zur „Befriedigung des Geschlechtstriebs", aus „Habgier" oder aus anderen „niedrigen Beweggründen"?

Nein, ein Mord ist der Suizid nicht. Das Wort stammt aus dem Lateinischen. Es bedeutet sachlich *suum caedere, sich töten.* Die Selbsttötung bildet meist – von wenigen „Bilanzsuiziden" oder aktiver Sterbehilfe abgesehen – den Schlusspunkt einer Tragödie. Die Zeiten, in denen die Kirchen den Suizid als zur Hölle führende „Todsünde" verdammten, die Bestattung des Toten in geweihter Erde verweigerten und den Leichnam zur Abschreckung am Galgen aufhängten, sind vorbei. Der Tote bedarf heute, auch und gerade in seiner Kurzschlusshandlung, unserer Liebe und unseres Respekts.

Als ein Lehrer den 15-jährigen Hermann Hesse glauben machen wollte, der Suizid sei „die größte moralische Feigheit, die der Mensch je begehen könne", setzte der Humanist, der selbst einen jugendlichen Suizidversuch hinter sich hatte und seinen Bruder Hans 1935 durch Selbsttötung verlieren sollte, dagegen: „... so sind die Selbstmörder mir zeitlebens beachtenswert sympathisch und irgendwie, wenn auch auf düstere Weise, ausgezeichnet erschienen ... Auch sind in der Tat die Selbstmörder, die ich gekannt habe, lauter zwar problematische, aber wertvolle, überdurchschnittliche Wesen gewesen."

Jeder Mensch, der sich suizidiert, hat seine eigene Leidensbiographie. Oft ist sie eine Krankengeschichte. Denn 80 Prozent aller Selbsttötungen ereignen sich vor dem Hintergrund einer Depression. Wer mag sich da anmaßen, über einen Menschen ein moralisches Vernichtungsurteil wie ein Fallbeil niedersausen zu lassen? Das Problem sind oft fast noch mehr die Angehörigen. Sie schämen sich über die „Schmach", die ihnen der Suizident angetan hat, und versuchen häufig, die „peinliche" Todesursache zu vertuschen. Nietzsche urteilt (in: *Menschliches. Allzumenschliches*): „Verwandte eines Selbstmörders rechnen es ihm übel an, dass er nicht aus Rücksicht auf ihren Ruf am Leben geblieben ist."

Peter Kohl hat über den Schlafmitteltod der klugen und warmherzigen Hannelore Kohl getrauert. Er meinte: „Ein Selbstmord ist immer auch eine Katastrophe für die betroffene Familie. Für mich persönlich ist Suizid keine Lösung. Aber ich habe beim Tod meiner Mutter mit tiefer Erschütterung erlebt, dass man sich sehr hüten muss, ein verallgemeinerndes Urteil zu fällen. Und dass es wichtig ist, dieses schwierige Thema im Geist der Barmherzigkeit und der Liebe zu betrachten."

Das haben Tochter, Sohn und Zwillingsschwester, die mir nach dem Suizid ihrer Angehörigen in schmerzhaften Sitzungen gegenübersaßen, getan. Am Ende ihrer chaotischen Gefühle siegte die Liebe. Sie erwiesen sich als tapfer, einfühlend und gerecht.

Der Sohn des auf dem Bahngleis geendeten – arbeitslosen und verzweifelten – Vaters erlaubte mir, den Abschiedsbrief seines Vaters zu zitieren. Der Vater war ein leidenschaftlicher Alpinist, Klavierspieler und Hesse-Liebhaber gewesen. Er hinterließ dem Achtzehnjährigen ein Dokument der Liebe.

„Mein Lieber", schrieb er, „wenn Du wüsstest, wie stolz ich auf Dich bin. Ich liebe Dich über alles. Weißt Du, was mein schönstes Erlebnis in den fünf Jahren hier war? – mit Dir unter dem Gipfel Piz Languard, unter der Segantini-Hütte in Pontresina Fußball zu spielen. Ich habe so oft daran gedacht! Ich hätte gerne mit Dir gelebt. Du als mein Sohn. Ich bin so traurig über alles. Mach's besser. Dein Daddy."

Selbstverwirklichung?

"Die Ehe sollte ein Zusammenschluss zweier autonomer Existenzen sein, kein Rückzug, keine Annexion, keine Flucht, kein Heilmittel." So befand die Existenzphilosophin Simone de Beauvoir 1949 in ihrem Jahrhundertwerk „Das andere Geschlecht. Sitte und Sexus der Frau". Das ist schön formuliert. Aber wie sieht die Realität eines Paares im Alltag aus?

„Du lässt mich im Stich", zürnte Christine neben ihrem Mann Klaus in der Paarsitzung bei mir. Die 38-jährige gelernte medizinisch-technische Assistentin fühlte sich verraten. Sie hatte ihren Klaus mit 32 Jahren geheiratet. Sie hatten ausgemacht, dass sie noch eine Ausbildung zur Heilpraktikerin machen und sich niederlassen wollte. Inzwischen waren aber zwei Buben auf die Welt gekommen. Diese waren noch im Vorschulalter und brauchten sozusagen noch eine personalintensive Betreuung.

Christines Ausbildungspläne schmolzen wie der Schnee im Fön dahin. Sie hatte Angst, ihr Leben zu versäumen. Sie begann gegen Klaus zu meutern. Leider tat sie das mit dem wohl katastrophalsten Machtmittel weiblicher Rache – der Verweigerung der Sexualität. Klaus giftete in der Sitzung zurück: „Du erdrückst mich", zischte er, „du erstickst meine Lebensfreude". Er nannte Christine undankbar: „Natürlich mache ich in meinem Betrieb Karriere, werde befördert und verdiene erheblich mehr Geld. Aber für wen tu ich denn das alles, doch für dich und die Kinder. Fast jeden Tag mache ich Überstunden!"

Genau das war es – die unseligen Überstunden. Klaus fungierte nur noch als Arbeitsmann, Christine als Familienfrau zwischen Küche und Sandkasten. Was Klaus und Christine liebten oder genauer gesagt in welchen *modus vivendi*, also die Art des Zusammenlebenmüssens, sie hineingeraten waren, das war das konservative Beziehungsmodell der Fünfzigerjahre: Der Mann ist der materielle Existenzerhalter und steht, frei nach Schiller, draußen „im feindlichen Leben", die Frau werkelt am heimischen Herd und muss mit dem Mann im Zweifelsfall noch ein Taschengeld für sich aushandeln.

Jeder ist in diesem Modell nur eine Teilpersönlichkeit. Nur miteinander bilden sie ein Ganzes. Emotional repräsentiert die Frau die *emotionale* Wir-AG, eine gefühlshafte Fürsorge für den Zusammenhalt der Familie, der Mann die *finanzielle* Wir-AG als Verdiener. Beide wären ohne einander rettungslos verloren.

Nun hat dieses Beziehungsmodell der gegenseitigen Abhängigkeit und herkömmlichen Arbeitsteilung über Jahrtausende funktioniert. Doch die Zeiten haben sich geändert. Hier lag der eigentliche Konfliktpunkt. Klaus und Christine hatten sich in der turbulenten Freiheit des Großstadtlebens kennengelernt. Ihre Sexualität war unbeschwert, die Verhütung problemlos praktiziert. Beide waren im Sinn der Moderne auf die autonome Lebensgestaltung fixiert, die jegliche Abhängigkeit mit Stirnrunzeln betrachtet. Es war die ausschließlich hedonistische, also freuden- und lustorientierte Philosophie des Hier und Jetzt, des sexuellen Augenblickgenusses und sorglosen Individualismus.

Es entsprach dem Zeitgeist, den Fritz Perls, der Begründer der Gestalttherapie, in seinem sogenannten *Gestaltgebet* lax so formulierte:

Ich bin ich – und du bist du.
Ich bin nicht auf der Welt, um so zu sein,
   wie du mich haben willst.
Und du bist nicht auf der Welt, um so zu sein,
   wie ich dich haben will.
Ich gehe meinen Weg,
und du gehst deinen Weg.
Wenn wir uns treffen,
wird es wunderschön sein.
Wenn nicht, kann man auch nichts machen.

Kann sich dieses Ideal des völlig autonomen Menschen mit der Bindungsrealität einer Familie vertragen? Bin ich als Frau wirklich noch autonom, wenn der Säugling zahnt und nächtelang durchschreit und das Zweitkind sich die Seele aus dem Leib hustet? Bin ich als Mann noch autonom, wenn ich am Wochenende Fußball spielen, am Computer sitzen und eine Radwanderung mit meinen Kumpels machen will, die Kinder aber quengeln und nach dem Vater schreien?

Tatsächlich zeigten Klaus und Christines älterer, fünfjähriger Sohn bereits Zeichen gestörten Verhaltens. Er fing plötzlich wieder an, ins Bett zu machen und fragte ängstlich, „Wollt ihr euch trennen?" Ein Kind, das ohne organische Defizite plötzlich einnässt, weint, wie der Psychosomatiker Thure von Uexküll sagt, „nach unten" …

Klaus und Christine arbeiteten in der Paartherapie hart an ihrer Liebe. Sie erkannten, dass ihr früheres Autonomie-Ideal unrealistisch war. Liebe gedeiht nur in der Bindung. Bindung aber bedeutet auch Abhängigkeit. Wenn ich den anderen liebe und wenn darüber hinaus unsere Liebe die Frucht von Kindern getrieben hat, so kann ich nicht mehr tun, was mir gerade so einfällt. Die Liebe setzt mehr Schranken. Ich kann nicht mehr ohne Rücksprache über Abende oder Wochenenden verfügen. Ich muss, wenn die Kinder noch sehr klein sind und oftmals an unseren Nerven zerren, auch die vorübergehende Einschränkung der Sexualität in Kauf nehmen. Kurz, ich muss als Vater oder als Mutter reifer werden, Verzicht leisten können, durch dick und dünn mit dem anderen gehen und Kompromisse suchen.

Meine Freiheit ist deutlich beschnitten. Ich kann jetzt nicht mehr im Sinne des *Gestaltgebetes* die Achseln zucken und sagen, „wenn nicht – kann man auch nichts machen" und mich aus dem Staub machen. Wie heißt es in der Bibel über die Ehe: „Einer trage des anderen Last."

Beide hatten ihre Lektion zu lernen. Christine musste erkennen, dass sie mit Klaus die Lebensplanung der nächsten Jahre nicht verbindlich geklärt hatte. Tatsächlich hatte Klaus ihre Heilpraktikerpläne nicht richtig ernst genommen. Er hielt das für eine typische Art weiblicher Hobbyidee wie Töpfern oder Yoga. Christine ließ sich vom beruflich ehrgeizigen Klaus über das akzeptable Maß hinaus einengen.

Er hatte nämlich, so stellte es sich in der Paartherapie heraus, einfach nicht die nötige Traute, unter Hinweis auf seine Familienpflichten Überstunden auch einmal zu verweigern und seinem Chef die Stirn zu bieten. Klaus war konfliktscheu. Klaus musste wiederum, wie viele Männer, erkennen, dass er nicht mit seinem Beruf verheiratet war, sondern mit seiner Frau. Was vielleicht noch schwerer war – er musste seine verdrängte Angst zulassen, dass ihm der ältere der beiden Jungen langsam zu entgleiten drohte.

Natürlich stellte Christine dann auch ihren Sexboykott ein, der ein Ausdruck ihrer Verzweiflung gewesen war. Der große Paartherapeut Hans Jellouschek konstatiert (in *Was die Liebe braucht. Antworten auf die wichtigsten Beziehungsfragen*, 2009): „Ein vollständig autonomes Leben in einer Paarbeziehung und in der Familie ist eine Illusion. Durch Liebe und Bindung machen wir uns auch voneinander abhängig, und ohne diese Abhängigkeit würde unsere Autonomie zu einer Karikatur ihrer selbst, sie führte zu Einsamkeit, Beziehungs- und Bindungslosigkeit".

Klaus und Christine fanden einen Weg, einerseits die Überstunden zu reduzieren, andererseits den Zeitpunkt für den Beginn der Heilpraktikerausbildung fest zu terminieren. Sie vereinbarten schöpferisch eine Fülle neuer Regelungen für den Alltag ihrer Liebe und mit den Kindern. Sie entwickelten ein Liebesmodell, das die Stabilität des alten konservativen Beziehungsideals mit dem der autonomen Bedürfnisse beider Partner kreativ vermittelte.

Das ist die Aufgabenstellung für uns modernen Paare. Dass es dabei Zoff gibt, ist unausweichlich. Der Streit – hier Klaus und Christine – klärt. Grundsätzlich gilt, was die amerikanische Familientherapeutin Virginia Satir (in *Mein Weg zu dir*, 1976) so ermutigend formulierte: „Du und ich, wir sind Wunderwerke, die zu unendlichem Wachstum in der Lage sind."

Streiten

Gabriele und Friedrich stritten nie. Darauf waren sie stolz. Dass sie dabei als Paar stagnierten, erkannten sie nicht. Sie blieben sich im Tiefsten fremd. Beide verbargen ihren Schatten.

Gabriele war geizig, Friedrich konfliktscheu. Sie verharrten, was den verborgenen Konfliktpunkt ihrer Beziehung anging, in einer Art Waffenstillstand. Nur ja keinen Krach riskieren, war ihre verborgene Maxime. Dagegen sagt die Aphoristikerin Marie von Ebener-Eschenbach: „Nicht jene, die streiten, sind zu fürchten, sondern jene, die ausweichen."

Gabriele sparte an sich. Sie sparte an Friedrich. Sie sparte an den Kindern. Im Haushalt gab es keinen Hauch von Luxus. Auch das Essen war freudlos bescheiden. Die drei Kinder, unter und über 10 Jahre alt, bettelten erfolglos im Sommer, die Mutter möge ihnen ein Eis mit Honig machen. Gabriele trug schlabberige Klamotten auf. Den unvermeidlichen Jahresurlaub organisierte sie in Billigquartieren.

Friedrich hielt lange still. Er schluckte seinen Ärger hinunter. Von seinem privaten Taschengeld erlaubte er sich den einen oder anderen verstohlenen Luxus. Den tarnte er Gabriele gegenüber ängstlich. Da ich Friedrich mochte, konnte ich ihn in einer

Männergruppe ohne Umschweife nach dem familiären Armutsprogramm fragen.

Denn das Verblüffende war für mich, dass Friedrich nicht nur gut verdiente, sondern der Sohn eines wohlhabenden Elternhauses war. Als ich ihn kennenlernte, schaute er sich bereits nach einem Zweithaus als Kapitalanlage um. Ich fragte Friedrich: „Warum machst du dieses Sparregiment mit? Was steckt bei Gabriele dahinter? Kommst du dir nicht wie ein Weichei vor?"

Friedrich gab mir ausweichende Antworten. Aber ich spürte, meine Fragen hatten ihn getroffen. Ein Jahr später kam Friedrich, wie das manche Männer gerne tun, zu einem zweiten Männerseminar zu mir, um sich seine Entwicklung und Fortschritte anzuschauen. Er wirkte verändert auf mich.

Im Gegensatz zu seiner früheren Lebenshemmung und verheimlichten Genusshaftigkeit war er jetzt pure, sprühende Lebenslust. Ob Gabriele immer noch ein „Hungerregime" führe, wollte ich von ihm wissen. Friedrich: „Nein. Sie ist die Großzügigkeit in Person." Ich: „Was ist passiert?"

Friedrich erzählte: „Als Gabriele wieder einen sogenannten Sparurlaub in einer Billigpension in Bayern organisiert hatte, machte ich die Bestellung rückgängig. Für unsere fünfköpfige Familie bestellte ich Flug und Bungalow auf La Palma. Innerlich hatte ich wahnsinnige Manschetten. Ich zitterte. Was würde ich Gabriele am Abend sagen?"

Wie ein tapferer Ritter betrat Friedrich an jenem Abend, so berichtete er mir, das Haus. Er wartete, bis die Kinder im Bett waren. Dann bat er Gabriele zu einer „Besprechung" in sein Arbeitszimmer. Jetzt war Gabriele irritiert. Sie fürchtete irgendeine schreckliche Eröffnung.

Später bekannte sie Friedrich: „Ich habe geglaubt, du hättest eine andere Frau gefunden und wolltest mit mir Schluss machen." So tief sitzen unsere geheimen Ängste. Sie kommen jahrelang nicht ans Tageslicht. Bis die Konfrontation die Wahrheit enthüllt. Dann erfährt das Paar mehr von sich als in all den Jahren seiner Harmoniesucht.

Friedrich sagte Gabriele in der Besprechung ernsthaft und ruhig, dass er so armselig mit ihr nicht länger leben wolle. Er habe La Palma gebucht. Am Wochenende werde er mit den Kindern zum Einkaufen gehen, um sie für diesen Urlaub neu einzukleiden. Falls sie mit all dem nicht einverstanden wäre, sei das Ende der Ehe erreicht.

Zum ersten Mal schaute Gabriele wieder einmal an ihrem Mann hoch. Ihr blieb die Spucke weg. Sie spürte seine Entschlossenheit. Sie fühlte, dass er Recht hatte. Sie brach in Tränen aus. Ihr kam ihr ganzes Elend hoch.

Was war mit der verhärmten Gabriele los? Sie kam aus einem kleinen Beamtenhaushalt. Die Mutter sparte vor allem an den Kindern. Die Eltern waren vom Verarmungswahn besessen. Ihre Panik hatte Gabriele unbewusst übernommen. Sie mochte an das berufliche Glück und die unternehmerischen Fähigkeiten ihres Mannes nicht glauben. Deswegen hatte sie, wie sie ihm nunmehr enthüllte, jeden verfügbaren Euro heimlich vom Haushaltsgeld zurückgelegt, „um uns für schlechte Tage zu versorgen".

Gabriele und Friedrich weinten. Beide waren erschüttert über den Abgrund und das Unverständnis zwischen ihnen. Dann stieg ihnen aber auch die Wut hoch. Gabriele zeigt sich erbittert, dass Friedrich ihre Existenzängste überhaupt nicht wahrgenommen hatte. Friedrich war erbost, dass Gabriele ihm nicht vertraut hatte, sondern Gelddepots vom Haushaltsgeld abzweigte. Der Streit war lösend. Er dauerte bis Mitternacht. Dann hatten sich beide ausgesprochen. Sie waren in der Lage, die Beziehung neu einzuregulieren und, was die Finanzen anging, einen neuen Beziehungsvertrag miteinander abzuschließen.

Für Gabriele war es wichtig, von nun an regelmäßig Einblick in Friedrichs Finanztransaktionen, Aktien und Rentenpapiere zu nehmen. Jetzt konnten sie sich auch wieder unbefangen ihre Liebe erklären. Sie hatten ihre geheimen Vorbehalte beseitigt. Sie hielten es nunmehr mit Theodor Fontane (in: *Von zwanzig bis dreißig*): „Eine richtige Sparsamkeit vergisst nie, dass nicht immer gespart werden kann; wer immer sparen will, der ist verloren, auch moralisch."

Ein spannender durchaus folgerichtiger Effekt der Konfliktlösung ergab sich am Rande: Gabriele und Friedrich bekamen wieder sexuelle Lust aufeinander. Sie stritten mehr. Sie benannten die Streitpunkte. Sie erlebten sich dabei als ebenbürtig und kraftvoll.

Friedrich registrierte: „Gabriele hat nicht mehr diesen Leidenszug. Sie ist keine Leidende mehr. Sie ist wieder das freche Gör, das ich am Anfang so an ihr geliebt habe."

Wie schrieb Goethe in seinem Beziehungsbestseller *Die Wahlverwandtschaften*: „Im Ehestand muss man sich manchmal streiten, denn dadurch erfährt man etwas voneinander."

Tod

„Die Erde ist ein Wirt", sagt ein persisches Sprichwort, „der seine Gäste umbringt." Das ist der Skandal des Todes. Er ist der Anlass für die Entstehung der Religionen und der Philosophie. Seine grausame Unerbittlichkeit stürzt uns in Trauer. Wenn unsere Resilienz, unsere Widerstandskraft, geschwächt ist, dann verfallen wir in die Depression. Sie hält uns, wie den Getreuen Heinrich im Märchen „Der Froschkönig", mit drei eisernen Banden um die Brust gefangen.

So war es bei Heiner. Der 41-jährige Lehrer hatte vier Jahre zuvor seine Frau durch einen Verkehrsunfall verloren. Stefanie, im dritten Monat schwanger, war beim Joggen von einem Wagen überrollt worden und starb noch an der Unfallstelle. Dem furchtbaren Geschehen war beim besten Willen kein Sinn abzugewinnen.

Heiner versteinerte seelisch. Es ging ihm so, wie es die Lyrikerin Mascha Kaléko formuliert:

*„Vor meinem eigenen Tod ist mir nicht bang,
Nur vor dem Tode derer, die mir nahe sind.
Wie soll ich leben, wenn sie nicht mehr da sind? …
Bedenkt: Den eigenen Tod, den stirbt man nur,
Doch mit dem Tod der anderen muss man leben."*

Heiner war untröstlich. Er war körperlich in einer schlechten Verfassung, weil er seine Ernährung vernachlässigte und sich fast nur von Tiefkühlpizza, Pommes frites und halben Hähnchen vom Stand ernährte und zu viel dem abendlichen Rotwein zusprach.

Psychosomatisch litt er unter einer chronischen reaktiven Depression. Diese milderte sich regelmäßig, wenn ihn die zehnjährigen Zwillingstöchter seiner Schwester besuchten. Heiner liebte sie und ließ sich von ihnen aufmuntern. Das erfüllte mich als Therapeut mit Hoffnung. Offensichtlich hatte er seine Bindungsfähigkeit nicht völlig eingebüßt. Sein Herz war nicht ganz versteinert, die Liebe erreichte ihn noch, wenn auch nur selten. Andererseits hatte er sich resigniert auf ein halbes Lehrdeputat setzen lassen und kam zu mir mit der Frage, ob er nicht überhaupt eine Frühpensionierung anstreben sollte.

„Seit dem Tod von Stefanie hat ja doch alles keinen Sinn mehr", meinte Heiner düster. Ich riet ihm energisch ab. Das wäre, so gab ich ihm zu bedenken, der Rückzug in die *Soziophobie*, die generalisierte Angst vor allen Menschen. Immerhin hielten ihn die Kontakte mit den Kollegen und den Schülern noch in einer gewissen Lebendigkeit.

Die Therapie zog sich hin. Es war für Heiner schwer, mit der Sinnlosigkeit des Todes seiner strah-

"DIE ERDE IST EIN WIRT,
DER SEINE GÄSTE UMBRINGT."
(persisches Sprichwort)

lenden jungen Frau fertig zu werden. Erbittert zitierte er mir aus Rilkes Stundenbuch den flehentlichen Wunsch des Dichters:

> *„Oh Herr, gib jedem seinen eigenen Tod.*
> *Das Sterben,*
> *das aus jenem Leben geht,*
> *darin er Liebe hatte, Sinn und Tod."*

Aber im Lauf der Sitzungen, in denen Heiner das Bild der Verstorbenen liebevoll rekonstruierte und das Geschenk ihrer Liebe dankbar verinnerlichte, wurde uns beiden klar, dass ein unversiegbarer Rest von Schmerz für die Trauerarbeit lebensnotwendig ist. Ich schenkte Heiner ein kurzes, sechssätziges Gedicht des Lyrikers Friedrich Rückert (1788–1866), der selbst lange über den Tod zweier seiner Kinder trauerte. Es lautet *Über alle Gräber*:

> *Über alle Gräber wächst zuletzt das Gras,*
> *alle Wunden heilt die Zeit, ein Trost ist das,*
> *wohl der schlechteste, den man kann erteilen;*
> *armes Herz, du willst nicht, dass die Wunden heilen.*
> *Etwas hast du noch, solang es schmerzlich brennt;*
> *das Verschmerzte nur ist tot und abgetrennt.*

Das Therapieziel kristallisierte sich heraus: Trauer – ja. Depression – nein. Hoffnungsvoll war auch, dass Ursula, eine kluge geschiedene Kollegin von Heiner, ein liebendes Auge auf ihn geworfen hatte. Doch noch prallte sie bei Heiner wie an einer Mauer ab.

In der Therapie arbeiteten wir das bewegende Buch von Verena Kast *Trauern. Phasen und Chancen des psychischen Prozesses* durch. Das half Heiner, in die „Phase des neuen Selbst- und Weltbezugs" (Kast) zu gelangen. Besonders beeindruckte ihn das hier abgedruckte skandinavische Märchen *Die Ehegatten:*

Ein Mann und eine Frau, die sich von Herzen lieben, vereinbaren, dass, wenn einer von ihnen stürbe, der andere nicht wieder heiraten werde. Die Frau stirbt. Tatsächlich verharrt der Mann einige Zeit in der Trauer. Dann gewinnt er eine andere Frau lieb. Er führt sie zur Trauung. Kurz vor der Kirche fällt ihm ein, dass er noch einmal mit seiner gestorbenen Frau Zwiesprache halten und sie um Verzeihung und ihr Verständnis bitten will.

Die Braut wartet vor der Kirche, der Mann eilt zum Grab. Als er die Verstorbene um Verzeihung bittet, öffnet sich das Grab, und die Frau ruft ihn zu sich. Sie fordert ihn auf, auf dem Sarg zu sitzen: „Trinkst du Wein?", sagte die Frau im Grabe zu ihm. Und sie gab ihm einen Becher, und der Mann trank. Dann wollte er fortgehen. Aber sie bat: „Bleib noch hier und lass uns vertraulich plaudern!" Sie goss ihm einen zweiten Becher ein, und der Mann trank wieder. Dann stand er wieder auf und wollte gehen, aber wieder sagte sie "Lass uns noch plaudern!" Und der Mann blieb und plauderte.

Zuhause hielten sie eine Andacht, weil sie glaubten, der Mann sei gestorben. Die Braut wartete und wartete und ging schließlich zu ihren Eltern zurück. Und die alte Ehefrau gab ihm den dritten Becher, und immer noch bat sie ihn zu bleiben. Endlich ließ sie ihn fort: "Geh nun hin!", sagte sie. Da ging der Mann fort. Er kam zur Kirche, aber da war kein Pfarrer mehr, nichts mehr, und er selbst war grau wie ein alter Wiedehopf, weil er dreißig Jahre im Grabe gewesen war.

Heiner lernte am Ende das, was Verena Kast „die Kunst des abschiedlich Existierens nennt". Kast: „Der Tod ragt immer ins Leben hinein. Ständig verlieren wir etwas, müssen wir loslassen, verzichten, uns voneinander trennen, etwas aufgeben … Aber wir verlieren nicht nur, wir gewinnen auch."

Heiner gesundete. Er lag nicht länger „im Grabe". Er und Ursula fanden zusammen. Dabei bewahrte er Stefanie eine memorative Treue, frei nach Honoré de Balzac (1799 – 1850): „Man liebt zweimal: das erste Mal in der Wirklichkeit, das zweite Mal in der Erinnerung."

Trennungsschmerz

Schwierige Scheidungen münden oft in einen hartnäckigen Rosenkrieg. Aber was macht der Hass mit uns?

Hass ist, wie bereits früher gesagt, enttäuschte Liebe. Wenn sich zuvor unsere Seelen geküsst haben, dann ist bei der Scheidung die Enttäuschung und die Wut grenzenlos. Denn die Trennung von einem Menschen ist eine der gewaltigsten seelischen Leistungen unseres Lebens. Sie ist schmerzhaft. Sie ist eine Amputation bei lebendigem Leibe – ohne Narkose. Wo ich nie geliebt habe, hasse ich auch nicht. Auch wenn mir ihre Politik nicht gefällt, hassen könnte ich niemals eine Angela Merkel, denn ich habe sie nie geliebt. Die Gefühlslage zwischen uns ist sozusagen niedrigtemperaturig.

Wut und Herabsetzung des anderen ist in der ersten Phase der Trennung – ähnlich wie bei der Ablösung pubertierender Jugendlicher von ihren Eltern – eine durchaus notwendige und tiefenpsychologisch gesehen sinnvolle Durchgangspassage. Diese Gefühle ermöglichen uns, unser Selbstbewusstsein zu restabilisieren und die tausend seelischen Würzelchen aus dem anderen Stück für Stück herauszureißen. Denn wir definieren uns jetzt nicht mehr durch die Partnerschaft, sondern wieder als einsame Individuen. In diesem Sinn bedeutet Scheidung nicht nur scheitern. Sie ist Abschied vom Quälenden, nicht länger mehr Lebbaren: Aufbruch ins Neue, bislang Unbelebte.

Aber irgendwann muss es mit den heftigen und chaotischen Emotionen ein Ende haben. Ich bin nicht mehr existenziell mit dem anderen verbunden. Ich kann mein Leben nicht mehr von ihm bestimmen lassen, auch nicht negativ durch meine Abwehr und meine nicht enden wollenden Anklagen. Das Schwere ist geschehen. Es ist Vergangenheit. Ich stehe vielmehr vor der Aufgabe, eine Inventur der Ehe oder jahrelangen Lebensgemeinschaft zu machen. Vor allem aber geht es darum, *meinen* Anteil am Scheitern der Beziehung rückhaltlos zu untersuchen und anzuerkennen. Denn mit mir, nicht mit dem Expartner bleibe ich verheiratet.

Wenn ich nicht die gleichen Kinderkrankheiten der ersten Ehe in meine nächste Beziehung als hochinfektiöse Viren transportieren will, brauche ich die rückhaltlose Selbstanalyse. Sie muss ebenso genau wie barmherzig sein: Wir haben ein Recht auf Fehler. Oft ist dafür die große Zweitbeziehung unseres Lebens mit Glück gesegnet, weil wir reifer und selbstkritischer geworden sind. So erlebe ich es selbst erstaunt und dankbar in der großen Liebe meiner zweiten Ehe. Früher wäre ich für diese Frau noch unreif und ein beträchtlicher Risikofaktor gewesen.

Der Trennungsschmerz will gelebt werden. Besonders erinnerlich ist mir die Flucht vor diesem Trennungsschmerz und die spätere Erlösung bei Thea in Erinnerung. Der Verkäuferin, 47 Jahre alt, Mutter einer erwachsenen Tochter, war der Ehemann mit einer anderen Frau „durchgebrannt", wie sie es nannte. Thea war, wie sie mir ein Jahr später berichtete, voller Ingrimm und Zorn. Tatsächlich hatte sie der Mann im Finale der Ehe schlecht behandelt. Er verließ sie über Nacht mit einer fünfzehn Jahre jüngeren Frau, ohne Thea die Chance einer Paartherapie und eines Neuanfangs der Beziehung zu geben. Er ging unter die Gürtellinie, als er Thea, die sich in den Wechseljahren befand und ohnehin um den Verlust ihrer jugendlichen Schönheit bangte, den Satz nachrief: „Du hast das Verfallsdatum überschritten. Ich habe mir Frischfleisch organisiert."

So gemein kann es bei Trennungen zugehen. Thea war ungeheuerlich wütend. Sie verdammte diesen Mann als „Schweinehund", „Verbrecher", „mieses Subjekt" und „Drecksack". Kein gutes Haar ließ sie an ihm und agitierte mit ihrem inzwischen generalisierten Männerhass auch ihre erwachsene Tochter. Sie schimpfte unmäßig über den „Ex", denunzierte ihn im gemeinsamen Freundeskreis als „Sexstrolch" und bekämpfte ihn im Scheidungsverfahren als ihren Todfeind. Sich selbst wich Thea dabei aus. Sie stürzte sich vielmehr verstärkt in die Arbeit, bot sich für Überstunden und Sondereinsätze an ihrer Arbeitsstelle, einem Kaufhaus, an, ging ins Fitnessstudio, belegte einen Spanischkurs, kurz, sie rannte in einem Hamsterrad pulstreibender Geschäftigkeiten herum, die ihr keine Zeit zum Nachdenken ließen. Es war eine Flucht.

Dann schlug die Krankheit zu – eine Lungenentzündung warf sie monatelang aus der Bahn. Theas Schwächezustand wollte nicht weichen. Ihr Aktionskreis verringerte sich auf die Wohnung. Ihre Tochter pflegte sie und musste sie sogar auf die Toilette begleiten.

Thea erinnerte sich: „Plötzlich musste ich weinen. Ich weinte tagelang, ja wochenlang. Jeden Tag mehrfach. Ich habe meinem Exmann nachgeweint, den ich bei aller Kritik doch geliebt habe. Hinter meiner Wut auf ihn steckte eigentlich Trauer. Da musste ich nun durch. Ich habe ihn mit diesen Tränen aus meinem Herzen verabschiedet und ihn gleichzeitig als Vater unserer Tochter zu respektieren gelernt. Ich musste auch weinen, weil ich mir viele Jahre lang ein zweites Kind gewünscht hatte und mein Mann dagegen war. Auch diesem Schmerz musste ich in die Augen sehen."

Aus dem endlich gelebten Trennungsschmerz, ohne den die Neugeburt einer gesunden Persönlichkeit nicht möglich ist, erwuchs die Heilung. Thea: „Vor allem aber begriff ich in dieser Krankheitsphase, dass ich auf die Scheidungskatastrophe falsch reagiert hatte. Ich hatte nämlich für mich den Satz aufgestellt, ‚mir kommt kein Mann mehr in mein Leben'. Ich begriff, das war ein dummer Satz, aus Erbitterung erstanden und destruktiv. Als ich langsam wieder zu Kräften kam, empfand ich das Leben als ein einziges Geschenk, freute mich an jedem Sonnenstrahl, lächelte die Menschen an und sogar die schrecklichen Männer. Inzwischen habe ich in meiner zweiten Beziehung und ohne Trauschein das große Glück gefunden."

Bei meiner eigenen Scheidung, die ich in meinem Schmerzensbuch *Trennung als Aufbruch* (emu-Verlag) bearbeitet habe, hat mir ein Trennungsspruch von dem Familientherapeuten Bert Hellinger außerordentlich geholfen. Hellinger, dessen spektakulären *Familienaufstellungen* vor großem Publikum mit ihren autoritären therapeutischen Schnellschüssen ich wie viele andere Therapeuten mit Skepsis gegenüberstehe, schlägt hier jedoch eine ergreifende Formel vor, die sich Mann und Frau bei einer gelungenen Trennung sagen sollen:

Ich nehme,
was du mir geschenkt hast.
Es ist sehr viel.
Ich nehme es mit
und halte es in Ehren.
Ich werde dich immer
als Vater/Mutter
unserer Kinder achten.
Und für das,
was zwischen uns gelaufen ist,
übernehme ich
meinen Teil der Verantwortung
und lasse dir deinen.
Und jetzt lasse ich dich in Frieden.

Treue

"Aber das verstößt doch gegen jegliche Sitte und Moral. Du hast mir vor einundzwanzig Jahren vor dem Altar versprochen, in guten und schweren Tagen bei mir zu bleiben, bis dass der Tod uns scheidet. Und jetzt willst du mich wegen dieses Playboys verlassen! Das ist doch ungeheuerlich! Woran soll man denn da noch glauben?"

Mit solchen erregten Worten schrie in meiner Praxis Manfred, Steuerberater, korpulent, Mitte fünfzig, seine verdutzte Noch-Ehefrau Silvia mit krebsrotem Gesicht an. Die sittliche Ordnung des Abendlandes schien erschüttert.

Was war passiert? Silvia, sechsundvierzig, schlank und sportlich durchtrainiert, musikalisch und geistig beweglich, hatte sich seit Jahren in der Ehe unglücklich gefühlt: Der übergewichtige Manfred war esssüchtig und trank wohl auch nach Art eines Spiegeltrinkers zu viel. Mit beiden Verhaltensweisen kompensierte er ein offensichtlich sinnentleert gewordenes Dasein. Denn Manfred kannte nur seine florierende Steuerberatungskanzlei. Er las kein Buch, ging in kein Kino, hörte kein Musikstück. Manfred war ein Schweiger.

Längst war die Sexualität zu einem vierteljährlichen Pflichtritual verkommen. Die beiden Kinder, die das Haus mit ihrer Lebendigkeit erfüllt hatten, waren, vermutlich erleichtert, ins Studium entwichen. Die pompöse Villa wurde für Silvia zum goldenen Käfig, wenn nicht zum Totenhaus. Die französische Schriftstellerin Françoise Sagan sagt einmal zu dieser ehelichen Nekrose: „Von manchen Menschen glaubt man, sie seien tot. In Wahrheit sind sie nur verheiratet."

In dieser Situation lernte Silvia, eine begabte Cellistin, in einem Amateurorchester Michael, den Kontrabassisten, kennen. Michael, Witwer mit zwei ebenfalls erwachsenen Kindern, pflegte, im Zivilberuf Architekt, seine weit ausgedehnten musischen Interessen. Er studierte mit besonderer Vorliebe die Partituren klassischer Sinfonien, war belesen, sammelte Bilder, war ein Feinschmecker und Naturfreund, ritt und liebte Pferde. Zu allem Überfluss, so gestand mir Silvia in einer späteren Einzelsitzung verzückt, „ist er auch noch schlank und unverschämt hübsch".

Zwischen Silvia und Michael funkte es. Zwei Jahre hielten sie ihre Außenbeziehung vor aller Welt geheim. Aber, wir wissen es alle, die Liebe besitzt eine normative Kraft und fordert ihr Recht, nämlich die Legalisierung. Die Geheimhaltung wurde für die Liebenden immer unerträglicher. Als erwachsene Menschen, deren Kinder flügge geworden waren, wollte es ihnen auch nicht länger einleuchten, dass sie wie Pennäler ihre Liebe länger verstecken sollten. Beide waren verantwortungsvoll. Sie wollten keinen unnötigen Scherbenhaufen anrichten. Natürlich war Michael alles andere als ein „Playboy" und Silvia kein „Flittchen", wie der verstörte Ehemann sie beschimpfte.

Silvia nahm die Ruhe eines Kurzurlaubs mit ihrem Mann zum Anlass, ihm ihre ernsthafte Beziehung zu Michael zu eröffnen und eine einvernehmliche, noble Trennung vorzuschlagen. Sie wollte Manfred das gemeinsame Haus als eine Art Heimat für ihn überlassen, um seinen Schmerz zu mildern. Sie bot ihm an, ihm eine Zugehfrau für den Haushalt zu organisieren. Sie schlug vor, auch in Zukunft gemeinsam Feste mit den studierenden Kindern zu feiern.

Kurz, sie tat alles, um Manfred eine Brücke zu bauen. Sie ließ aber auch keinen Zweifel daran, dass ihre Ehe *„konsumiert"*, also in ihrem Sinn und Zweck aufgezehrt und zukunftslos sei. Sie bat Manfred, ihr die Außenbeziehung zu verzeihen. Es sei ihr Hilfeschrei nach Überleben und Lebendigkeit gewesen. Sie bot Manfred eine *posteheliche* Beziehung der Freundschaft an.

Manfreds Antwort: Er schlug Silvia, sperrte ihre Konten, denunzierte sie in der Familie als, wie er wörtlich sagte, *Hure mit häufig wechselndem Geschlechtsverkehr.*

Manfred war der Sohn einer katholischen Kleinbauernfamilie. Er konnte und wollte nicht verstehen, wie er es formulierte, „dass die Frauen heute nur an Selbstverwirklichung denken und alle geschworenen Eide brechen". Mein Hinweis, dass in der Bundesrepublik zwei Drittel aller Scheidungen von Frauen veranlasst werden, die die Nase voll haben von der Gefühlskargheit und Sprachlosigkeit ihrer Partner, goss noch Wasser auf seine rhetorischen Mühlen. Manfred scheute sich nicht, im gleichsam apokalyptischen Wortschwall von der Sittenlosigkeit der Moderne zu sprechen.

Was der Choleriker Manfred uns hier mit nachgerade tragischer Affektivität demonstriert, das ist nichts anderes als der ethische Epochenbruch und *Paradigmenwechsel*, der heute unser Leben bestimmt: Die Umwertung aller Werte. Es nützt uns nichts, zu jammern oder herumzutoben. Vergeblich ist die cholerische oder depressive Beschwörung traditioneller lokaler, familiärer, ständischer oder religiöser Bindungen. Die Umwertung aller Werte macht vor der Liebe nicht halt. Offensichtlich liegt in der Liebe selbst die Norm des modernen Menschen.

Silvia jedenfalls, deren neue Liebe zu Michael sich als wetterfest erwies und in eine glückliche Partnerschaft ohne Trauschein mit zwei getrennten Wohnungen *(apart together, getrennt zusammen)* mündete, folgte der schöpferischen Moralität von Liebe und emotionaler Vernunft: Sie setzte der Treue zur alten Beziehung die essenziellere *Treue zum Ich* entgegen.

Silvia sagte zu mir: „Ich würde mich und meine Entwicklung verraten, wenn ich aus bürgerlicher Wohlanständigkeit oder Angst vor Manfreds Drohungen und möglichen finanziellen Einbußen in der alten unlebbaren Beziehung verharrte. Die Liebe ist mein Wegweiser."

Wie sagte der Aphoristiker LaRochefoucauld in seinen Notaten *Spiegel des Herzens* (1678) so scharfsinnig: „Sich zur Treue zwingen, ist nichts mehr als Untreue."

Vaterwunde

„Das ist das ganze Geheimnis eines Kindes, dass es uns durch sein bloßes Dasein nötigt, es zu lieben, und dass es davon lebt, für nichts geliebt zu werden." So formuliert es Eugen Drewermann in seinem Werk „Tiefenpsychologie und Exegese".

Aber was ist, wenn ein Erwachsener die unsichtbare Wunde des kindlichen Ungeliebtseins in sich trägt?

Andreas war so ein Fall. Der 44-jährige Jurist kam zu mir, weil, wie er sagte, „ich im Betrieb und in der Familie nur auf Aggression und Widerstand stoße". Diese Aussage machte mich stutzig. Konnte es sein, dass sein Chef in der Kanzlei, seine Ehefrau Marianne, eine beruflich erfolgreiche Architektin, und seine beiden Söhne, am Beginn ihres Studiums stehend, allesamt aggressiv waren? Das wäre doch eine seltsame Ansammlung von schwierigen Charakteren rund um das arme Opfer Andreas. Ich besann mich auf das Sprichwort „Wie man in den Wald hineinruft, so schallt es heraus" und begab mich mit dem widerstrebenden Andreas auf Ursachenforschung.

Natürlich leistete er Widerstand. Denn es ging immerhin um „aufdeckende" Therapie, genauer gesprochen, um die Aufdeckung seines Schattens

(C. G. Jung). Der Schatten ist all das, was in unser idealisiertes Selbstbild nicht passt und was wir deswegen bagatellisieren, verdrängen, verleugnen.

In Andreas' Fall war es seine Hassliebe auf den Vater. Wie das? Andreas' Mutter hatte 35 Jahre zuvor ihren Ehemann Eberhard zum Teufel gejagt, als sie entdecken musste, dass er sie seit Jahren mit einer anderen Frau betrog. Andreas' Vater hatte sich aus einfachen Verhältnissen zum Immobilienmakler hochgearbeitet, sich mit den Attributen des Reichtums umgeben, einen schicken Sportwagen gefahren und, um es milde zu formulieren, die bislang karg bemessene eheliche Erotik außerhalb nachgeholt. Vater Eberhard verschwand nach der Scheidung rund zehn Jahre aus dem Leben seines Sohnes. Zwischen dem zehnten und zwanzigsten Lebensjahr war Andreas vaterlos.

Andreas und seine jüngere Schwester Susanne waren erbittert. Susanne ist es bis heute geblieben. Sie hat nie wieder ihren Vater, der vom Süddeutschen fünfhundert Kilometer weiter nach Norden zog, besucht. Sie hat den Vater aus ihrem Leben gestrichen. Susanne hat stattdessen einen allgemeinen Männerhass entwickelt und kujoniert, wie Andreas berichtete, ihren schwachen Mann. Es dürfte wohl kein Zufall sein, dass sie unbewusst einen aggressionsgehemmten, „dressurfähigen" Partner gewählt hat.

Anders war es bei Andreas. Er, der dringend einen Vater gebraucht hätte, um seine Männlichkeit zu entwickeln – seine Mutter blieb Single –, beschaffte sich nach dem Abitur die Adresse des Vaters und suchte ihn in der Euphorie des glänzend bestandenen Examens kurzerhand und unangemeldet auf.

Andreas: „Ich wollte es meinem Vater zeigen! Der hatte nämlich kein Abitur. Ich wollte ihm demonstrieren, dass ich schlauer sei als er. Ich hasste ihn, weil er mich ein Jahrzehnt lang nicht ein einziges Mal besucht, keinen Brief geschrieben, kein Geschenk geschickt hatte, aber ich sehnte mich zugleich nach seiner väterlichen Zuneigung."

Die Begegnung verlief fürchterlich. Andreas rivalisierte mit dem Vater. Er trat überheblich auf. Der Vater Eberhard schlug zurück. Er war abweisend. Er nahm sich kaum Zeit für seinen Erstgeborenen. Auch seine neue Frau war frostig. Andreas: „Die beiden hatten achtjährige Zwillinge. Sie machten ein Affentheater um sie. Die Zwillinge waren der Mittelpunkt ihres Lebens. Ich fühlte mich ein zweites Mal entthront und verstoßen."

Die Beziehung zwischen Andreas und Vater Eberhard war in den darauffolgenden fünfundzwanzig Jahren eine Achterbahn der Gefühle. Andreas tat unbewusst alles, um den finanziell erfolgreichen Vater zu übertreffen. Er wurde ein Ellbogenmensch.

Was sich ihm in den Weg stellte, räumte er beiseite. Im Studium war er ein Streber. In der Kanzlei rackerte er sich verbissen hoch. Er scheute vor keiner Intrige und keiner Aggression zurück. Ja, er definierte sich grundsätzlich durch Aggression. Andreas: „Die Welt ist gemein. Entweder bist du Amboss oder Hammer. Du musst dich entscheiden. Rücksichtnahme ist etwas für Schwache."

Mit dieser Übermenschenphilosophie machte sich Andreas Feinde. Seine Welt bestand aus Gegnern. In seinem tüchtigen Chef sah er, wie sich in der Therapie herausstellte, eine Art Übervater. Der Chef war erfolgreich wie sein Vater, aber auch kurz angebunden und gefühlsabweisend wie dieser. Und anstatt ein kooperatives Verhältnis zu seinem Chef zu entwickeln und als Jüngerer um ihn zu werben, verlegte sich Andreas auf Kampf – und bekam mächtig Keile zurück.

Diesen Zusammenhang begriff er überhaupt erst in der therapeutischen Motivsuche. Genau die gleiche neurotische aggressive Grundhaltung, entstanden aus dem Schmerz seiner Kindheit, praktizierte er gegenüber seiner Frau und den Söhnen. In der Therapie lernte Andreas, über seine Vaterwunde zu weinen. Er wurde weich. Es wurde ihm bewusst, dass er seinen Vater nie in sein Herz gelassen hatte.

Andreas nahm sich auf mein Anraten ein ganzes

Wochenende Zeit für die erneute entscheidende Begegnung mit dem Vater. Sie unternahmen zusammen eine Autofahrt an die Brandenburger Seenplatte. Das Vater-Sohn-Wunder, das sich immer wieder ereignet, wenn sich die Herzen öffnen, geschah.

Andreas: „Es war ein wunderschönes Wochenende, der Himmel wolkenlos blau, die Julisonne wärmte. Wir fanden ein hübsches Hotel am Wasser. Wir aßen. Wir spazierten. Wir schwammen. Wir sprachen. Nach dem Abendessen. haben wir bei zwei Flaschen Rotwein bis drei Uhr nachts geredet. Vater erzählte mir sein Leben. Seine Schwierigkeiten mit meiner Mutter, seinen Neuaufbruch, seine Minderwertigkeitskomplexe als verborgenen Antrieb seiner Karriere. Über seine Sehnsucht, einen guten Sohn zu haben, seinen Kummer und seine Wut über meine ständige Aggression. Er bat mich für sein langes Schweigen um Verzeihung. Sicher hat auch der Alkohol die Wahrheit in uns gelöst. Um drei Uhr nachts erhoben wir uns von unseren Hotelsesseln, schlossen uns in die Arme und weinten vor Freude. Jetzt weiß ich, dass er mich liebt."

Andreas glücklich: „Ich habe wieder einen Vater. Ich muss weder einen Krieg gegen ihn noch Stellvertreterkriege gegen meinen Chef und meine Familie führen. Ich bin im Frieden."

Verbindlichkeit

"Verjährte Liebespaare" – diesen Begriff fand ich bei meinem wundervollen paartherapeutischen Lehrer Hans Jellouschek (Die Kunst als Paar zu leben, 1992).

Er meinte damit Partner, die ohne Verbindlichkeit vor sich hin leben, eine Heirat wie der Teufel das Weihwasser scheuen und einer Entscheidung über ihre Zukunft ausweichen. Ihre Beziehung erhält keine feste Konsistenz. Sie ist schlabbrig wie Dr. Oetkers Götterspeise.

Thomas (41) und Alexandra (38) waren so ein merkwürdig unbestimmtes, gelangweiltes Paar. Sie wohnten in zwei getrennten, „todschicken" Wohnungen in einer Stadt. Er verdiente als Immobilienmakler, wie er sagte, ein „Schweinegeld". Sie arbeitete, ebenfalls gut dotiert, auf der „Beautyfarm" ihrer Schwester.

Thomas und Alexandra waren ein modernes Paar. Ihr Outfit war postmodern. Sie hatten, wie sie sagten, unzählige „Connections". Sie führten einen aufwändigen Lebensstil, verbrachten Urlaube in exotischen Ländern, fuhren zwei elegante Wagen, aßen in den teuersten Restaurants und frequentierten die Kulturszene der Stadt. Gesehen und gesehen werden, Smalltalk über Kunstevents, Galas und Boxsport, das war ihr Leben. Alexandra und Thomas konnten sich viel leisten. Thomas fuhr Motorradamateurrennen, Alexandra flog zum „Shoppen" nach New York. Warum kamen Alexandra und Thomas in meine Praxis? Ihre Sexualität war versiegt. Sie hatten einfach keine Lust mehr aufeinander. Dabei waren sie schlank und hübsch, modisch gestylt, flink und gewandt in Rede und Gestus. Nach außen erschien der schwarzgelockte Thomas und die blonde Alexandra mit ihrer Superfigur als das klassische glückliche Paar, schwerelos durchs Leben joggend und shoppend.

Der Grund für ihr erotisches Desinteresse, so stellte es sich in der Paartherapie heraus, war ihrer beider Unverbindlichkeit in der Liebe. Dieses Paar stagnierte. Es gab keine Paarevolution. Das Paar hatte keine wirklichen gemeinsamen Projekte. Sie befanden sich im Dauerzustand einer „Probeehe".

Neun Jahre waren vergangen. Thomas und Alexandra konnten sich weder für ein klares „Zusammen", noch für ein „Auseinander" entscheiden. Ihre Beziehung blieb undefiniert. Fremden stellten sie sich als „Freunde" oder „gute Bekannte" vor. Sie lebten eine „Affäre", aber keine schicksalhaft verbundene Liebe. Über die Zukunft schwiegen sie sich aus. Thomas und Alexandra bildeten eine Gesellschaft mit beschränkter Haftung, eine Vergnügungsgemeinschaft, eine lockere Fusion zweier stilbewusster Trendsetter. Sie wollten nur die Zuckerseite des Lebens genießen. Sie zeigten sich und der Welt nur die Imponierfassade, aber nicht ihr wahres Ich. Sie präsentierten sich strahlend, immer souverän und ungeheuer modern. Ihre Bedürftigkeit und ihre wahren Sehnsüchte blieben dabei auf der Strecke.

Wenn es nach Alexandra und Thomas gegangen wäre, hätten sie diesen Lebensstil des puren Hedonismus, also des bloßen Genießens und Konsumierens, bis in alle Ewigkeiten fortgeführt. Aber der Realitätsdruck des Lebens machte ihnen einen Strich durch die Rechnung. In der Annäherung an die Lebensmitte, die um die vierzig Jahre herum liegt, meldete sich der Ernst des Lebens.

Spätestens hier treten wir ein in die generative, die zeugende Phase unserer Biographie. Wir heiraten. Wir entscheiden uns für oder gegen Kinder. Wir bauen ein Haus. Wir sind produktiv im Beruf. Wir engagieren uns sozial und politisch. Wir geben der Welt zurück, was wir in Jugend und Ausbildung so reichlich von ihr empfangen haben.

Als „verjährtes Paar" verpassten Thomas und Alexandra diesen Zeitpunkt. Ihr Leben war emotional, sozial und spirituell flach wie ein Surfbrett. Dabei sehnte sich Alexandra insgeheim und unter dem immer hörbareren Ticken ihrer biologischen

Uhr nach Mutterschaft. Das wagte sie nicht zu sagen. Das wäre, so meinte sie in der Sitzung unter Tränen, „doch spießig gewesen". Umgekehrt spürte Thomas, dass ihm die Rolle des *puer aeternus*, des *ewigen Jünglings* immer schwerer fiel. Er hatte den Zenit seiner körperlichen Leistungsfähigkeit überschritten. „Manchmal", so gestand er in der Paartherapie, „möchte ich mich einfach an Alexandra anlehnen, ihre Mütterlichkeit spüren und unser hektisches Partyleben über Bord schmeißen."

Weil sich ihre Seelen nicht mehr küssten, wurden sich Thomas und Alexandra langweilig. Ihr Interesse aneinander löste sich auf wie Salmiakgeist in einer offenen Flasche. Ja, insgeheim begannen sie sich zu hassen, weil jeder vom anderen nicht das bekam, was er wirklich brauchte: Liebe und Geborgenheit.

Wir benötigen, wie Hans Jellouschek (in *Liebe auf Dauer. Die Kunst ein Paar zu bleiben*) sagt, „die Kunst, verbindlich zu werden". Jellouschek meint: „Dieser Schritt des ausdrücklichen Ja zueinander, die Aussagen ‚Du bist mein Mann, ich bin deine Frau' – ‚Du bist meine Frau, ich bin dein Mann' bewirken in der Seele eine Klarheit und Verbindlichkeit, die es vorher nicht gab. In der Regel erfüllt das beide mit einem tiefen Glück."

„Nach Hause" kommen wir allein in der Liebe. Alexandra und Thomas lernten, dass sie nicht länger die klare Definition ihrer Beziehung vermeiden konnten. Sie durften ins Erwachsenenalter eintreten. Das bedeutete auch, sich nicht länger andere Möglichkeiten offen zu halten. Scherzhaft hatte Thomas in der ersten Sitzung die Schiller-Verballhornung zitiert: „Drum prüfe, wer sich ewig bindet, ob er nicht eine Bessere findet." Von einer solchen Schaukelpolitik verabschiedete er sich nun. Das Paar fand zur Hingabe. Die Sexualität kam wieder wie der Frühling über sie. Sie heirateten und planten ein Kind. Wie sagt der Dichter Novalis (1772–1801) in *Fragmente*: „Die Liebe ist der Endzweck der Weltgeschichte, das Amen des Universums."

Postmoderne Unverbindlichkeit trägt auf Dauer nicht. Der Schauspieler und eindrucksvolle Charakterdarsteller Edgar Selge antwortete der Zeitschrift *Chrismon* (8/2010) auf die Frage „Sind Sie zufrieden?": „Ich bin kein zufriedener Mensch. Ich bin ein Suchender. Ich will auch nicht zufrieden sein, ich will brennen, so wie die Bilder von van Gogh. Ich will verbrennen für etwas, will diese großen Kräfte spüren, die in uns sind. Das ist kaum zu machen, ohne sein eigenes Leben aufs Spiel zu setzen."

Verzeihen

Auf einem der Paar-Seminare ackerten meine Schwester, die Konstanzer Diplompsychologin und Psychotherapeutin Dr. Maria Theresia Jung, und ich schwer. Einige der Paare waren voller Groll aufeinander. Sie schienen unversöhnlich.

Das machte das Seelenklima in der Wochenendgruppe oftmals drückend und gelegentlich auch entmutigend. Umso angerührter waren Maria Theresia und ich, als wir am Morgen des letzten Tages die Paare dazu einluden, sich einmal zu überlegen, wo und wie jeder der beiden in den vergangenen Monaten den Partner verletzt hatte, um ihn dann vor der Gruppe dafür ohne Wenn und Aber um Verzeihung zu bitten. Natürlich war dieser Akt der Verzeihungsbitte und Verzeihungsgewährung freiwillig.

Alle Paare traten jedoch nacheinander vor die Gruppe. Franziska sagte etwa zu Bernhard: „Ich bitte dich um Verzeihung, dass ich dich mehrfach vor den Kindern beschimpft habe." Bernhard erwiderte: „Ja, ich verzeihe dir." Nun fand er die Worte: „Ich bitte dich um Verzeihung, dass ich mich um die Mitarbeit im Haushalt gedrückt habe." Franziska: „Ich verzeihe dir." Das Paar küsste sich und ging an seinen Platz zurück.

Im Weiteren ging es um Zynismus, kleine Gehässigkeiten, Lieblosigkeiten des Alltags, Schreiereien, tagelanges Schmollen, sexuelle Verweigerung, Rücksichtslosigkeit und Sturheit. Die Kriegsverletzungen des ehelichen Alltagslebens. Schlagartig löste sich die Spannung zwischen den verletzenden und verletzten Partnern. Es flossen Tränen der Versöhnung und der wiedergefundenen Liebe.

Als wir dann noch jedes Paar baten, sich gegenseitig in einem Satz für die schönste Charaktereigenschaft und Zuwendung des Partners zu bedanken, erlebten die anfänglich so hadernden Liebenden gleichsam das Osterfest der Auferstehung ihrer Beziehung. Wie heißt es im Epheserbrief 4,26 so schön: „Versündigt euch nicht im Zorn und versöhnt euch wieder miteinander, bevor es Abend wird, sonst bekommt der Teufel Macht über euch."

In der Beratung erweist sich das Bitten um Verzeihung und das Verzeihung gewähren oftmals als eine harte, kaum zu knackende Nuss. Warum das so ist, erschließt sich nicht so leicht. Ulrich (42) und Annegret (37), Eltern von zwei Vorschulkindern, kamen in die Praxis, weil sie schon seit längerer Zeit den Sprung über den Graben ihres ehelichen Grolls nicht schafften. Kaum bemühten sie sich einige Tage um Burgfrieden, brach wegen einer Bagatelle ein gnadenloser, sich über Tage hinstreckender Streit aus.

Rein äußerlich betrachtet war Ulrich sowohl der Sündenbock als auch der Aggressor in der Beziehung. Er hatte Annegret mit einer Frau aus seinem Tennisclub betrogen. Er entschuldigte sich dafür, aber ohne innere Beteiligung und emotionale Verve. Seine Rolle war unglaubhaft. Stattdessen griff er Annegret auch in meinem Beisein lautstark und wiederholt an: „Du bist ja unweiblich und willst mich nur mit deinem Sexentzug bestrafen."

Annegret, körperlich zart und so sanft und leise sprechend, dass ich sie akustisch oftmals kaum verstand, war aber bei näherem Hinsehen nicht nur das Opferlamm. In zweifacher Hinsicht entpuppte sie sich ebenfalls, wenn auch in geringerem Maße, als Mittäterin. Zum einen hatte sie sich, trotz vielfacher Bitten von Ulrich, nicht therapeutisch mit ihrer sexuellen Blockade im Allgemeinen und ihrer Anorgasmie im Speziellen befasst, was natürlich eine schmerzhafte therapeutische Seelenarbeit bedeutet hätte. Zum anderen verweigerte sie, bei äußerlicher Friedfertigkeit, ein echtes Verzeihen.

Sie sagte beispielsweise zu Ulrich: „Ich will dir ja verzeihen, aber ich brauche noch viel, viel Zeit dazu." Dabei war sie nachtragend und konnte das *faktum brutum*, die harte Tatsache seines Seitensprungs, nicht vergessen. Mit ihrem stummen Dackelblick nie verjährender Demütigung manipulierte sie ihren Partner und zementierte ihn in seinen Schuldgefühlen.

In der Terminologie der Psychologie zu sprechen, begegneten sich hier zwei konträre Charaktertypen: die sich anpassende, nachgebende Frau und der sich durchsetzende, sich selbst behauptende Partner.

Der Hamburger Paartherapeut Michael Cöllen schreibt in seinem scharfsinnigen Buch „Das Verzeihen in der Liebe – Wie Paare neue Nähe finden" (Stuttgart, 2009) über die Partner vom Ulrich-Typus: „Sie tun sich sehr schwer, um Verzeihung zu bitten oder auch nur den ersten Schritt in Richtung Versöhnung anzubieten. Sie empfinden eine solche Geste als Selbsterniedrigung wie einen Kniefall vor dem Gegner. Sie fühlen dabei Ehrverlust und verletzten Stolz. Dieser Stil der Durchsetzung ist besonders unter Männern verbreitet. Um Verzeihung bitten wirkt unmännlich, weil dabei eine Abhängigkeit entsteht, die kindliche Ohnmachtsgefühle aktiviert. Sich der Gnade des anderen auszuliefern und der Zurückweisung ausgesetzt zu werden, ertragen sie nicht. Selbstbehauptung geht vor Selbstüberwindung."

Beim Annegret-Typus analysiert Cöllen: „Sich Anpassende sind in der Beziehung die Defensiven. Sie implodieren statt zu explodieren ... Den ihnen zugefügten Schmerz wollen sie durchaus vergeben und tun es auch nach außen hin, aber sie können es nicht wirklich. Alle Wunden, jeder Schmerz, jede Kränkung bleibt in ihrem Gedächtnis haften. Der Kummer spricht aus den Augen, aus den Linien ihres Gesichtes, aus der gebeugten Haltung, aus den überängstlichen Gesten. Sie ringen ehrlich mit sich selbst, durchweinen ganze Nächte, zermartern ihr Herz – und doch können sie einfach nicht verzeihen. Zu groß ist die Angst, erneut Opfer zu werden ... Durch ihre ängstliche und zurückhaltende Bescheidenheit wirken Anpasser ungefährlich, fast harmlos, und doch setzen sie sich auf stille Art durch. Sie manipulieren statt zu konfrontieren. Die Angst und das Misstrauen, der andere könnte etwa erneut untreu werden, lauert dann jahrelang. Und es ist wahrscheinlich, dass es dadurch zu einer Art *sich selbst erfüllender Prophezeihung* ... kommt: Irgendwann passiert es tatsächlich, dass der Täter erneut schuldig wird."

Verzeihen ist eine hohe Kunst. Annegret und Ulrich haben sie gelernt. Sie muteten sich beide Trauer, Empörung und Wut zu. Sie übten keine falsche Nachsicht. Sie krochen nicht zu Kreuze, sie verdrängten nicht, sie mieden falsche Defensiven und taktische Offensiven. Sie machten aus ihrem Herzen keine Mördergrube. Sie zeigten sich seelisch nackt voreinander. Jeder erkannte seinen Schatten, seine Schwäche. Das machte sie stark. Nur der Starke kann verzeihen. Das taten sie nun.

In dem Drama *Medea* des österreichischen Dramatikers Franz Grillparzer (1791 – 1872) heißt es:

„Viel Übles hab' an Menschen ich bemerkt.
Das Finstere ist ein unversöhnlich Herz."

Oder, um es mit Michael Cöllen positiv zu formulieren: „Verzeihen, Versöhnen und Wiedergutmachen sind die *via regia*, der königliche Weg in der Liebe."

Post scriptum:
Eines Tages hatte meine Frau das Gefühl, mich zu unrecht grob angefahren zu haben (dabei bin ich der Zornpinkel von uns beiden). Sie klingelte an meiner Wohnungstür – aus Platzgründen haben wir zwei Appartements auf der gleichen Etage. Ich war eine tief beleidigte Leberwurst. Ich fragte mich schwerst gekränkt: „Willst du in diesem Leben mit diesem schändlichen Weib überhaupt noch sprechen?" Kurz, der Hysteriker in mir genoss sein grenzenloses Beleidigtsein. Aber die Glocke schrillte. Schweren Herzens öffnete ich. Da stand meine Frau vor mir. Sie hielt ein kleines Schaf aus Ton in ihren Händen. „Ich war ein Schaf", sagte sie nur. Ich musste lachen. Seitdem wandert das Schaf zwischen unseren beiden Wohnungen hin und her. Wer es bringt, erhält unverzüglich und auf der Stelle Verzeihung. Schmollen gilt nicht mehr. Danke, Ilse!

Zärtlichkeit

Wir können ohne Sexualität leben, nicht aber ohne Zärtlichkeit. Wenn ich über Wochen und Monate die Wärme und Zuwendung eines anderen Körpers nicht mehr gespürt habe, gefriere ich innerlich zur Eisscholle.

Ich spüre mich nicht mehr. Ich bin nur noch ein Neutrum. Eine Arbeitsameise. Ich funktioniere wie eine Maschine. Der Berührungshunger treibt mich um. Weil ich ihn nicht stillen kann, stehe ich in der Gefahr, die mangelnde Zärtlichkeit mit einer Sucht zu kompensieren: Essen, Süßigkeiten, Trinken, Rauchen, Fernsehen, Facebook, Kaufrausch. Das sind Ersatzsättigungen, Kontaktsurrogate, Ersatzberührungen.

So ging es auch Ingo und Christine, als sie zu mir in die Praxis kamen. „Das Leben", meinte Christine, „macht keinen Spaß mehr."

Beide waren übergewichtig. Beide waren essgestört. Beide waren workaholics, Arbeitssüchtige. Christine und Ingo standen kurz vor ihrem fünfzigsten Geburtstag. Die beiden Töchter studierten und wohnten auswärts. Bis zum Zeitpunkt des Auszugs der Kinder hatte das Paar ein turbulentes Familienleben genossen. Ein Hund gehörte auch dazu. Da wurde es mit dem Studienantritt der Töchter plötzlich still um Ingo und Christine. Der geliebte alte Hund starb.

Das Paar verkraftete diesen Lebensübergang nicht richtig. Beide stürzten sich in die Arbeit, sie vergrößerten den Familienbetrieb. Sie nahmen hohe Kredite auf und saßen oft bis Mitternacht in ihren Büros. Christine erkannte in meiner Praxis: „Dabei verloren wir uns aus den Augen. Wir sprachen nur noch über Geschäftliches. Wir schliefen nicht mehr miteinander. Wir berührten uns nicht mehr. Wir pflegten keine privaten Projekte und Unternehmungen. Die Fahrräder standen unbenutzt in der Garage. Stattdessen begannen wir, Mengen zu essen. Fast ununterbrochen und zwischendurch. Ich habe dabei eine Neigung zu Süßigkeiten, Ingo eine Neigung zum Bier entwickelt. Früher waren wir als Paar rank und schlank, jetzt schämen wir uns fast voreinander. Ich mag mich Ingo nicht mehr nackt zeigen."

Natürlich lag es auf der Hand, mit Christine und Ingo eine Generalrevision ihres Lebens zu besprechen. Das taten wir denn auch. Aber das war nicht das Entscheidende. Sie waren so voneinander entwöhnt und gleichzeitig so voller Sehnsucht nach der Begegnung von Körper und Seele, dass sie wie erstarrt waren. Ich entschloss mich daher in der zweiten Sitzung zu einer Intervention, die mich Mut kostete.

Ich bat Ingo und Christine, sich gegenüberzusetzen, beide Hände des anderen zu halten, sich zehn Minuten schweigend in die Augen zu sehen und dabei nicht zu sprechen. Das ist ein Vorgang von hoher Intimität. Ich verließ den Raum, um das Paar in seiner Erschütterung allein zu lassen.

Sehr oft brechen Frau und Mann bei dieser Begegnung in Tränen aus. Was sie mir erzählen, ist anrührend. Sie haben aneinander die Signaturen der Erschöpfung und des Älterwerdens entdeckt. Sie sind in den treuen Augen des anderen wie versunken. Sie spüren plötzlich seine Sehnsucht, seine Überforderung, seine Tapferkeit, seine Hingabe, seine Rechtschaffenheit, seine Sensibilität, seine Einsamkeit, seine Schönheit, seine unvergleichliche Würde. Es ist, als ob sie sich neu entdeckten. Meist finde ich das Paar, wenn ich nach den zehn Minuten in die Praxis zurückkehre, in inniger Umarmung vor.

So war es auch bei Ingo und Christine. Ihre Augen waren von Tränen nass. Es war, als ob der Liebesfrühling wieder eingezogen wäre. Von da an ging es mit ihnen bergauf.

Wie sehr die Zärtlichkeit uns zu uns selbst führt und uns beheimatet, das habe ich auch von Bertram und Margret gelernt. Margret, eine junge Studienreferendarin, war, als sie von Bertram zu ihrer Dienststelle fuhr, mit dem Auto schwer verunglückt. An einer Kreuzung war ihr ein alkoholisierter Autofahrer mit hohem Tempo in die Seite gefahren. Sie hatte beide Beine und mehrere Rippen gebrochen und war von Hämatomen übersät. Sobald der Gips abgenommen werden konnte, nahm Bertram Margret nach Hause. Die beiden waren früher etwas burschikos und sachlich-forsch miteinander umgegangen. Jetzt zitterte Bertram zum ersten Mal um Margrets Leben, als eine Lungenentzündung sie zusätzlich schwächte.

Bertram berichtete in der Sprechstunde: „Ich nahm mir Ferien. Ich wusch Margret. Ich bekochte sie. Ich bettete sie um. Ich las ihr vor. Ich liebte sie wie noch nie zuvor. Sie war mir als Geschenk neu gegeben. Ich konnte keine Oberflächlichkeiten mehr zwischen uns vertragen. Ich habe ihr stundenlang die Hand gehalten. Sie war so kostbar für mich. Wir schauten uns in die Augen und brauchten kein Wort zu sagen. Unsere Liebe war im Schatten des Todes das Größte in unserem Leben geworden. Die Zärtlichkeit kam wie von selbst. Sie schlug wie eine große warme ozeanische Welle über uns. Sie hüllt uns noch heute ein. Auch wenn der Alltag wieder eingetreten ist und wir in unseren Berufen stehen, so kämpfen wir gegen Kleinkariertheit und Lieblosigkeit. Das Leben ist viel zu kostbar, um die Liebe zu versäumen."

Wie heilsam ist es, wenn ich den geliebten Menschen berühre. Der romantische Dichter Novalis (1772 – 1801) sagt dazu in seinen „Aphorismen": „Es gibt nur einen Tempel in der Welt, und das ist der menschliche Körper. Nichts ist heiliger als diese hohe Gestalt ... Man berührt den Himmel, wenn man einen Menschen betastet."

Nachwort:
Stirb und Werde

Ich lebe mein Leben in wachsenden Ringen,
die sich über die Dinge ziehn.
Ich werde den Letzten vielleicht nicht vollbringen,
aber versuchen will ich ihn.

Rainer Maria Rilke

Menschen in Not, Menschen im Glück – das ist das ewige Lied vom Leid und der Wiedergeburt im Leben. Der Aufbruch ist, wie wir an den vielen, bald mehr bald weniger dramatischen Lebensgeschichten gesehen haben, unsere Aufgabe. Aber wir sind dressiert, dass wir für alles um Erlaubnis fragen müssen. Wir wissen nicht, dass uns das Leben mit der ganzen Fülle geschenkt ist. Es gibt so viele Dinge, die wir uns verwehren, weil sie nicht in die Normen unserer Erziehung passen, obwohl es schön wäre, wenn wir sie leben könnten. Wie heißt es so drastisch in der Bibel: „Wenn einer viele Jahre lebte, bis ins hohe Alter, aber er könnte sein Glück nicht genießen – ich müsste sagen: Glücklicher als er ist die Fehlgeburt" (Prediger, 6,3).

So lange wagen wir den Aufbruch nicht. Wir zögern. Wir schaffen uns Selbstverbote: „Weil ich eine Frau bin, darf ich nicht über mein Leben selbst bestimmen. Weil ich Mutter bin, darf ich nicht studieren. Weil ich als Mann mit dem Beruf verheiratet bin, darf ich keine Freizeit haben. Weil ich kein Abitur habe, darf ich keine eigene Meinung besitzen. Weil ich zu dick bin, darf ich nicht flirten. Weil ich zu dünn bin, darf ich mich nicht weiblich oder männlich fühlen …".

Zum Aufbruch gehört oft der Tiefpunkt des Lebens, die innere *Kapitulation* und die *Akzeptanz von Hilfe*, wie es die Anonymen Alkoholiker in ihrem Zwölf-Stufen-Programm formulieren. Das fällt vor allem uns Männern schwer. Mein wichtigster Schritt in meiner seelischen Biographie war es, mir Therapie zu *gönnen*. Meine Schwester Maria Theresia, die erfahrene Therapeutin, schenkte mir dieses lösende Wort: Man unterzieht sich nicht einer professionellen Seelenarbeit, man *gönnt* sie sich! Beim Aufbruch geht es um unsere Identität. Es geht um unser Menschsein, das wir ständig suchen. Es ist ein Muss. Das lässt uns nie los, auch wenn wir uns mit Geschäftigkeit, Süchten und den Zeitdieben Fernsehen, Computer, Handy betäuben wollen.

Grundgedanke der therapeutischen Arbeit ist, dass der Mensch ein strukturelles Mängelwesen ist. Auch unsere Eltern sind es. Wir sind es. So gesehen ist es auf Dauer auch ein Missbrauch an uns selbst, wenn wir noch als Erwachsene die Eltern unablässig für die Schattenseiten unserer Biographie haftbar machen.

Hilarion Petzold, der Altmeister der Gestalt- und Integrativen Therapie, mahnt (in einem Vorwort des Buches *Ich liebe mich – ich hasse mich* von Georg R. Bach und Laura Torbet, 1985): „Wenn ... die negativen Einflüsse von Elterninstanzen in der Psychotherapie ernst genommen werden müssen, so ist es doch eine Einseitigkeit, ein neuer Mythos der Psychotherapie, die ganze Last seelischer Erkrankungen oder Beeinträchtigung von Lebensglück den Eltern zuzuschieben, den ‚Schweineeltern', wie sie von einigen Transaktionsanalytikern genannt werden. Ich halte das für unangemessen, ja schädlich, weil es dabei zu einer Entwertung der eigenen Vergangenheit kommt und die nährenden, stützenden Qualitäten der Eltern aus dem Blick geraten, wo es doch eigentlich lediglich um die Auseinandersetzung mit ihren Schattenseiten geht, mit den Regeln und Normen, die uns einengen, bedrängen und die sich allmählich von den Ursprungsstimmen (der des Vaters, des Lehrers) gelöst und zu eigenen Persönlichkeitszügen, Teilpersönlichkeiten verdichtet haben. So entsteht der *innere Zweifler*, der *Pessimist*, der *Spielverderber* usw."

Wir sind der Künstler und der Marmor unseres Lebens. Wir sind der Experimentator und das kosmisch einzigartige Experiment, der je bestimmte Mensch zu werden.

Hermann Hesse konstatiert in seinem Roman *Demian* (1919): „Jeder Mensch ist aber nicht nur er selber, er ist auch der einmalige, ganz besondere, in jedem Fall wichtige und merkwürdige Punkt, wo die Erscheinungen der Welt sich kreuzen, nur einmal so und nie wieder. Darum ist jedes Menschen Geschichte wichtig, ewig, göttlich, darum ist jeder Mensch, solange er irgend lebt und den Willen der Natur erfüllt, wunderbar und jeder Aufmerksamkeit würdig ... Das Leben jedes Menschen ist sein Weg zu sich selber hin, der Versuch eines Weges, die Andeutung eines Pfades."

Wunderbar bin ich, solange ich wahrhaftig lebe und den Willen der Natur zur *Selbstbestimmung* und *Glückhaftigkeit* erfülle. Diesen Weg kann ich auch verfehlen. Kein Mensch ist das, was alles in ihm an Entwicklungschancen angelegt ist. Vieles ist durch die Härte der Lebensumstände auch verformt, ja zerstört worden. Die Welt ist schön und grausam zugleich. Aber ich kann mein Abkommen vom richtigen Weg auch korrigieren. Ich tue dies im – oftmals schmerzhaften – Abschied vom Alten in meinem Leben und dem Aufbruch ins Neue.

Das geht nicht ohne Angst und deren Bewältigung. Goethe hat (in: *westöstlicher Divan*) dieses Sterben des alten und die Geburt des neuen Menschen in unsterbliche Verse gefasst:

> *Lange hab ich mich gesträubt,*
> *endlich gab ich nach.*
> *Wenn das alte Ich zerstäubt,*
> *wird das neue wach.*
> *Und solang du das nicht hast,*
> *dieses Stirb und Werde*
> *bist du nur ein trüber Gast*
> *auf der dunklen Erde*

Ohne Liebe gibt es schließlich keine wirkliche Entwicklung. Ohne die Liebe zu mir selbst verkümmere ich. Im liebevollen Sich-selbst-Annehmen und Von-Menschen-angenommen-Werden öffnet sich der Himmel mitten auf Erden. Warten wir nicht auf ein Jenseits am St.-Nimmerleins-Tag. Hier und heute ist mein Wendepunkt.

Von Dr. Jung sind im emu-Verlag bisher in der „roten reihe" erschienen:

Von Dr. Jung sind im emu-Verlag bisher in der „gelben reihe" erschienen:

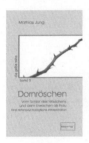

Von Dr. Jung sind im emu-Verlag bisher in der Sprechstunden-Reihe erschienen:

Von Dr. Jung sind im emu-Verlag bisher in der Sprechstunden-Reihe erschienen:

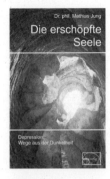

Von Dr. Jung sind im emu-Verlag folgende Vorträge als CD erschienen:

Lebensberatung

○ Alkoholproblem – Der Betroffene und seine Familie
○ Aussichtslos – Selbsttötung. Vorbeugung und Hilfe für Gefährdete und Angehörige
○ BindungsAngst
○ Blaubart – Die Befreiung der Weiblichkeit
○ Das hässliche Entlein – Außenseiter
○ Das Ja und das Nein in der Liebe
○ Das Paar im Wandel
○ Das sprachlose Paar
○ Das Verdrängte in unserer Seele
○ Der kleine Prinz in mir
○ Der Mann – ein emotionales Sparschwein
○ Des Sommers letzte Rose – Laufzeit ca 30 Min.
○ Die erschöpfte Seele
○ Die Vaterwunde
○ Dornröschen – Vom Schlaf des Mädchens u. d. Erwachen als Frau
○ Eifersucht – ein Schicksalsschlag?
○ Freiraum – Ein Zimmer für mich
○ Geschwister
○ Hans mein Igel – Das verletzte Kind in mir
○ Hermann Hesses Siddhartha – Der Fluss des Lebens
○ Keine Zeit!
○ KrankSein und GesundWerden
○ Lebensnachmittag
○ Liebesarbeit
○ Liebesrausch und Liebeskater
○ Liebesverträge in der Beziehung
○ Lob der Einsamkeit
○ Lust und Last der Sexualität
○ Mein Charakter – mein Schicksal
○ Meine Sprache – meine Seele
○ Mut zum Ich
○ Neurodermitis – Fehlernährter Körper, aufgekratzte Seele
○ Rabenvater – Der Vater-Sohn-Konflikt
○ Reine Männersache
○ Seele, Sucht, Sehnsucht
○ Sexueller Missbrauch
○ Trennung als Aufbruch
○ Übergewicht
○ Versöhnung
○ Vom Fischer und seiner Frau

Märchen

○ Das tapfere Schneiderlein – Mut zum Leben
○ Der Froschkönig – Glück und Zähneklappern in der Liebe
○ Des Kaisers neue Kleider – Sein und Schein
○ Eisenhans – Wie ein Mann ein Mann wird
○ Hans im Glück – Sein oder Haben
○ Hänsel und Gretel – Ablösung von den Eltern
○ Harry Potter – Der Zauber der Wandlung
○ Schneewittchen – Das Drama des Neides

Philosophie

○ Arendt – Vom tätigen Leben
○ Augustinus - Der Zwiespalt
○ Bloch – Das Prinzip Hoffnung
○ Descartes – Der Januskopf der Wissenschaft
○ Feuerbach – Die Sache mit Gott
○ Giordano Bruno – Die neue Welt
○ Hegel – Der Fortschritt
○ Heidegger – Die Angst
○ Hobbes – Die Zähmung der Bestie
○ Jaspers – Die Weltphilosophie
○ Kant – Die Mündigkeit des Menschen
○ Leibniz – Die Welt ist gut
○ Marx – Die Entfremdung des Menschen
○ Montaigne – Das Leben als Meisterstück
○ Nietzsche – Hymne auf das Leben
○ Popper – Die offene Gesellschaft
○ Sartre – Die Freiheit
○ Schopenhauer – Die Qual des Seins
○ Seneca – Die Freude des Augenblicks
○ Sokrates – Die Norm meines Gewissens
○ Spinoza – Das Abenteuer der Diesseitigkeit
○ Voltaire – Die Waffe des Geistes

Literatur

○ Anette von Droste-Hülshoff
○ E. T. A. Hoffmann oder Die Elixiere des Teufels
○ Eichendorff oder Waldhorn und Sehnsucht
○ Goethe oder Dichtung und Wahrheit
○ Hauff oder Die Magie des Märchens
○ Heinrich Heine oder Denk ich an Deutschland in der Nacht
○ Hölderlin oder Griechenland mit der Seele suchen
○ Jean Paul oder Humor und Menschenliebe
○ Keller oder Romeo und Julia im Dorf
○ Kleist oder Die Zerrissenheit des Menschen
○ Lessing oder Die Toleranz
○ Novalis oder Die blaue Blume der Romantik
○ Peter Rosegger oder Das Verschwinden der Heimat
○ Raabe oder Chronist des Bürgertums
○ Schiller oder Der Atem der Freiheit
○ Stifter oder Das sanfte Gesetz
○ Storm oder Edel lebe und schön
○ Theodor Fontane: Effi Briest oder Die Krise
○ Wieland oder Die Aufklärung